チャート式®
シリーズ

中学

英語

2年

準拠ドリル

JN008454

数研出版
https://www.chart.co.jp

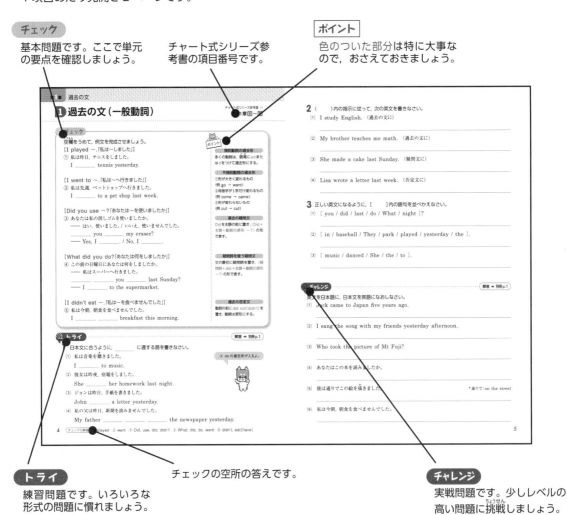

本書の特長と構成

本書は「チャート式シリーズ 中学英語 2年」の準拠問題集です。
本書のみでも学習可能ですが，参考書とあわせて使用することで，さらに力がのばせます。

▌特長

1. チェック→トライ→チャレンジの 3 ステップで，段階的に学習できます。
2. 巻末のテストで，学年の総まとめができます。
3. 参考書の対応ページを掲載。わからないときやもっと詳しく知りたいときにすぐに参照できます。

▌構成

1 項目あたり見開き 2 ページです。

チェック
基本問題です。ここで単元の要点を確認しましょう。

チャート式シリーズ参考書の項目番号です。

ポイント
色のついた部分は特に大事なので，おさえておきましょう。

トライ
練習問題です。いろいろな形式の問題に慣れましょう。

チェックの空所の答えです。

チャレンジ
実戦問題です。少しレベルの高い問題に挑戦しましょう。

確認問題 数項目ごとに学習内容が定着しているか確認する問題です。

まとめテスト 学年の総まとめを行うテストです。

もくじ

一緒に
がんばろう！

数研出版公式キャラクター
数犬 チャ太郎

3

1 過去の文（一般動詞）

チャート式シリーズ参考書 >> 第1章 1 ～ 5

チェック

空欄をうめて，例文を完成させましょう。

【I played ～.「私は～しました」】

① 私は昨日，テニスをしました。

I _____ tennis yesterday.

【I went to ～.「私は～へ行きました」】

② 私は先週，ペットショップへ行きました。

I _____ to a pet shop last week.

【Did you use ～?「あなたは～を使いましたか」】

③ あなたは私の消しゴムを使いましたか。

―― はい，使いました。/ いいえ，使いませんでした。

_____ you _____ my eraser?

―― Yes, I _____. / No, I _____.

【What did you do?「あなたは何をしましたか」】

④ この前の日曜日にあなたは何をしましたか。

―― 私はスーパーへ行きました。

_____ _____ you _____ last Sunday?

―― I _____ to the supermarket.

【I didn't eat ～.「私は～を食べませんでした」】

⑤ 私は今朝，朝食を食べませんでした。

I _____ _____ breakfast this morning.

ポイント

規則動詞の過去形

多くの動詞は，語尾にedまたはdをつけて過去形にする。

不規則動詞の過去形

①形が大きく変わるもの
（例：go → went）
②母音字が1字だけ変わるもの
（例：come → came）
③形が変わらないもの
（例：cut → cut）

過去の疑問文

Didを主語の前に置き，〈Did＋主語＋動詞の原形 ～?〉の形で表す。

疑問詞を使う疑問文

文の最初に疑問詞を置き，〈疑問詞＋did＋主語＋動詞の原形 ～?〉の形で表す。

過去の否定文

動詞の前にdid not[didn't]を置き，動詞は原形にする。

トライ

解答 ➡ 別冊p.1

1 日本文に合うように，_____ に適する語を書きなさい。

(1) 私は音楽を聴きました。

I _____ to music.

(2) 彼女は昨夜，宿題をしました。

She _____ her homework last night.

(3) ジョンは昨日，手紙を書きました。

John _____ a letter yesterday.

(4) 私の父は昨日，新聞を読みませんでした。

My father _____ _____ _____ the newspaper yesterday.

(2) do の過去形が入るよ。

（チェックの解答）① played ② went ③ Did, use, did, didn't ④ What, did, do, went ⑤ didn't, eat[have]

2 (   )内の指示に従って，次の英文を書きなさい。

(1) I study English. （過去の文に）

_____

(2) My brother teaches me math. （過去の文に）

_____

(3) She made a cake last Sunday. （疑問文に）

_____

(4) Lisa wrote a letter last week. （否定文に）

_____

3 正しい英文になるように，[   ]内の語句を並べかえなさい。

(1) [you / did / last / do / What / night]?

_____

(2) [in / baseball / They / park / played / yesterday / the].

_____

(3) [music / danced / She / the / to].

_____

解答 ➡ 別冊 p.1

✎ チャレンジ ··

英文を日本語に，日本文を英語になおしなさい。

(1) Jack came to Japan five years ago.

_____

(2) I sang the song with my friends yesterday afternoon.

_____

(3) Who took the picture of Mt Fuji?

_____

(4) あなたはこの本を読みましたか。

_____

(5) 彼は通りでこの絵を描きました。　　　　　　　　　　　*通りで：on the street

_____

(6) 私は今朝，朝食を食べませんでした。

_____

2 過去の文（be動詞）

チャート式シリーズ参考書 >>
第1章 6 〜 9

🐾 チェック

空欄をうめて，例文を完成させましょう。

【It was 〜．「〜でした」】

① 昨日は晴れていました。

It ＿＿＿＿＿＿ sunny yesterday.

【Were you 〜？「あなたは〜でしたか」】

② あなたは昨夜，忙しかったですか。

―― はい，忙しかったです。／ いいえ，忙しくありませんでした。

＿＿＿＿＿＿ you busy last night?

―― Yes, I ＿＿＿＿＿＿. ／ No, I ＿＿＿＿＿＿.

【Where was 〜？「〜はどこにありましたか」】

③ あなたの鍵はどこにありましたか。

―― ベッドの下にありました。

＿＿＿＿＿＿ ＿＿＿＿＿＿ your key?

―― It ＿＿＿＿＿＿ under the bed.

【It wasn't 〜．「それは〜ではありませんでした」】

④ スープは熱くありませんでした。

The soup ＿＿＿＿＿＿ hot.

ポイント

be動詞の過去形

be動詞で過去のことを表すときは，過去形was / wereを使う。

be動詞の過去の疑問文

Was[Were]を主語の前に置き，〈Was[Were]＋主語 〜？〉の形で表す。
Yesならwas[were]，Noならwasn't[weren't]を使って答える。

疑問詞を使う疑問文

文の最初に疑問詞を置き，〈疑問詞＋was[were]＋主語 〜？〉の形で表す。

be動詞の過去の否定文

was / wereのあとにnotを置いて，was not[wasn't] 〜 / were not[weren't] 〜で表す。

🐾 トライ

解答 ➡ 別冊p.1

1 日本文に合うように，＿＿＿＿＿＿ に適する語を書きなさい。

(1) あなたは先週，病気でした。

You ＿＿＿＿＿＿ sick last week.

(2) あなたは昨夜，おなかがすいていましたか。 ―― いいえ，すいていませんでした。

＿＿＿＿＿＿ you hungry last night? ―― No, I ＿＿＿＿＿＿.

(3) あなたの本はどこにありましたか。 ―― 机の上にありました。

＿＿＿＿＿＿ ＿＿＿＿＿＿ your book? ―― It ＿＿＿＿＿＿ on the desk.

> (3) 本の場所を聞いているから疑問詞は where だね。

(4) 彼女は眠くありませんでした。

She ＿＿＿＿＿＿ sleepy.

チェックの解答 ① was ② Were, was, wasn't ③ Where, was, was ④ wasn't

2 （　　　）内の指示に従って，次の英文を書きなさい。

(1) She was busy yesterday. （否定文に）

_____

(2) Your watch was <u>on the table</u>. （下線部を問う文に）

_____

(3) Her birthday party was <u>last Monday</u>. （下線部を問う文に）

_____

(4) You were <u>in the classroom</u> in the afternoon. （下線部を問う文に）

_____

3 正しい英文になるように，[　　　]内の語句を並べかえなさい。

(1) [then / Ken / at / was / home].

_____

(2) [time / in / was / at / Who / the / room / that]?

_____

(3) [last / sister / My / wasn't / home / night / at].

_____

💬 **チャレンジ** ……………………………………………… 解答 ➡ 別冊p.1

英文を日本語に，日本文を英語になおしなさい。

(1) My father was a cook three years ago.

_____

(2) Were you free yesterday afternoon?　　　　　　　　　*free：暇(ひま)な

_____

(3) Who was your math teacher two years ago?

_____

(4) 彼は親切ではなかったので，私はうれしくありませんでした。

_____

(5) 私と友達は昨日の午前中，図書館にいました。

_____

(6) あなたは昨夜，公園にいましたか。

_____

7

3 過去進行形の文

✎ チェック

空欄をうめて，例文を完成させましょう。

【I was ～ing.「私は～していました」】

① 私はそのとき，お風呂(ふろ)に入っていました。

I ＿＿＿＿＿ ＿＿＿＿＿ a bath then.

【Were you ～ing?「あなたは～していましたか」】

② あなたは眠(ねむ)っていたのですか。

―― はい，眠っていました。／ いいえ，眠っていませんでした。

＿＿＿＿＿ you ＿＿＿＿＿ ?

―― Yes, I ＿＿＿＿＿. ／ No, I ＿＿＿＿＿.

【What were you doing?「あなたは何をしていましたか」】

③ あなたはそこで何をしていましたか。

―― 私は友達を待っていました。

＿＿＿＿＿ ＿＿＿＿＿ you ＿＿＿＿＿ there?

―― I ＿＿＿＿＿ ＿＿＿＿＿ for a friend.

【I wasn't ～ing.「私は～していませんでした」】

④ 私はあなたの言うことを聞いていませんでした。

I ＿＿＿＿＿ ＿＿＿＿＿ to you.

ポイント

過去に行っていた動作を表す
「～していた」「～しているところだった」のように過去のあるときに行われている最中だった動作は，過去進行形〈was[were]＋動詞のing形〉で表す。

過去進行形の疑問文
過去進行形の疑問文は〈Was[Were]＋主語＋動詞のing形～?〉の形で表す。

疑問詞を使う疑問文
疑問詞を文の最初に置き，そのあとに過去進行形の疑問文を続ける。答えはYes / Noではなく，過去進行形の文で答える。

過去進行形の否定文
was / wereのあとにnotを置いて，〈was[were] not＋動詞のing形〉で表す。

✎ トライ

解答 ➡ 別冊p.1

1 日本文に合うように，＿＿＿＿＿ に適する語を書きなさい。

(1) 私たちは図書館で勉強していました。

We ＿＿＿＿＿ ＿＿＿＿＿ in the library.

(2) あなたは音楽を聴(き)いていましたか。

＿＿＿＿＿ you ＿＿＿＿＿ to music?

(3) 彼らは体育館で何をしていましたか。

＿＿＿＿＿ ＿＿＿＿＿ they ＿＿＿＿＿ in the gym?

(4) だれが校庭を走っていましたか。

＿＿＿＿＿ ＿＿＿＿＿ ＿＿＿＿＿ in the schoolyard?

(5) 彼は私を探していませんでした。

He ＿＿＿＿＿ ＿＿＿＿＿ for me.

(3) 何をしていたかをたずねているから疑問詞は what だね。

チェックの解答 ① was, taking ② Were, sleeping, was, wasn't ③ What, were, doing, was, waiting ④ wasn't, listening

2 (   )内の指示に従って，次の英文を書きなさい。

(1) I am sleeping in the bed. （過去進行形の文に）

_____

(2) I didn't swim in the pool. （過去進行形の文に）

_____

(3) She was writing a diary two hours ago. （疑問文に）

_____

(4) Richard was watching TV in the living room. （何をしていたかを問う文に）

_____

3 正しい英文になるように，[   ]内の語句を並べかえなさい。

(1) [using / I / computer / wasn't / a].

_____

(2) [homework / Were / your / you / doing]?

_____

(3) [schoolyard / tennis / was / the / in / Who / playing]?

_____

💬 チャレンジ ·· 解答 ➡ 別冊 p.2

英文を日本語に，日本文を英語になおしなさい。

(1) My father was talking with my mother in the kitchen.

_____

(2) We were learning Japanese in the classroom.

_____

(3) Were they eating breakfast there?

_____

(4) あなたたちはここで何について話していたのですか。

_____

(5) 私は自分の部屋でゲームをしていませんでした。

_____

(6) 彼は図書館で本を読んでいるところでした。

_____

4 未来の文①

チェック

空欄をうめて，例文を完成させましょう。

【I'm going to 〜.「私は〜するつもりです」】

① 私は明日，おばを訪ねるつもりです。

＿＿＿＿ ＿＿＿＿ ＿＿＿＿ visit my aunt tomorrow.

【It is going to 〜.「〜しそうです」】

② もうすぐ雨が降りそうです。

＿＿＿＿ ＿＿＿＿ ＿＿＿＿ rain soon.

【Are you going to 〜?「〜するつもりですか」】

③ あなたはバスに乗るつもりですか。
　　―― はい，乗るつもりです。/ いいえ，乗るつもりはありません。

＿＿＿＿ you ＿＿＿＿ ＿＿＿＿ take a bus?
―― Yes, I ＿＿＿＿. / No, ＿＿＿＿ ＿＿＿＿.

【How long are you going to 〜?「どのくらい〜するつもりですか」】

④ あなたはどのくらい滞在する予定ですか。
　　―― 私は1か月滞在する予定です。

＿＿＿＿ ＿＿＿＿ ＿＿＿＿ you ＿＿＿＿ ＿＿＿＿ stay?
―― ＿＿＿＿ ＿＿＿＿ ＿＿＿＿ stay for a month.

【I'm not going to 〜.「私は〜するつもりはありません」】

⑤ 私はそれを買うつもりはありません。

＿＿＿＿ ＿＿＿＿ ＿＿＿＿ ＿＿＿＿ buy it.

ポイント

未来の意志・予定
「〜するつもりだ」「〜する予定だ」のように未来の意志や予定を表すときには，〈be going to ＋動詞の原形〉を使う。

近い未来の予測
be going to 〜は，「（今にも）〜しそうだ」という近い未来の予測を表すこともできる。

be going to の疑問文
「〜するつもりですか」「〜する予定ですか」とたずねるときは，be動詞を主語の前に出して，〈be動詞＋主語＋going to ＋動詞の原形 〜?〉の形で表す。

疑問詞を使う疑問文
疑問詞を使ってたずねるときは，文の最初に疑問詞を置いて〈疑問詞＋be動詞＋主語＋going to ＋動詞の原形 〜?〉の形で表す。

be going to の否定文
be動詞のあとにnotを置く。「〜するつもりはない」「〜する予定はない」という意味を表す。

トライ

解答 ➡ 別冊p.2

1 日本文に合うように，＿＿＿＿に適する語を書きなさい。

(1) 私は料理をするつもりです。

I ＿＿＿＿ ＿＿＿＿ ＿＿＿＿ cook.

(2) 食事をするつもりですか。　―― はい，食べるつもりです。

＿＿＿＿ you ＿＿＿＿ ＿＿＿＿ eat? ―― Yes, I ＿＿＿＿.

(2) 疑問文だからbe動詞を前に置くんだよ。

チェックの解答 ① I'm, going, to　② It's, going, to　③ Are, going, to, am, I'm, not
　　　　　　　　④ How, long, are, going, to, I'm, going, to　⑤ I'm, not, going, to

2 (　　　) 内の指示に従って，次の英文を書きなさい。

(1) I'm going to stay <u>for a week</u>. （下線部を問う文に）

_____

(2) You are going to play ice hockey. （否定文に）

_____

(3) We have dinner together this evening. （「～するつもりです」という意味の文に）

_____

(4) We leave here at six o'clock. （「～する予定です」という意味の文に）

_____

3 正しい英文になるように，[　　　] 内の語句を並べかえなさい。

(1) [you / to / pictures / Where / going / paint / are]?

_____

(2) [tonight / play / I / going / You / aren't / and / to / a video game].

_____

(3) [is / to / in / month / My brother / next / stay / going / Canada].

_____

💬 **チャレンジ** ·· 解答 ➡ 別冊p.2

英文を日本語に，日本文を英語になおしなさい。

(1) My grandfather is going to arrive here soon.　　　*arrive：到着する

_____

(2) Are they going to clean the classroom after school?

_____

(3) What are you going to do this evening?

_____

(4) 私は音楽を聴くつもりはありません。

_____

(5) 私の父は午後にイヌを散歩させるつもりです。　　　*散歩させる：walk

_____

(6) あなたのご両親は明日，映画を見に行く予定ですか。 ── はい，見に行く予定です。

_____

5 未来の文②

チェック

空欄をうめて，例文を完成させましょう。

【I will ～.「私は～するつもりです／～します」】

① 私はあとで彼女にメールします。

_____ e-mail her later.

【He will ～.「彼は～するでしょう」】

② 彼はもうすぐここに来るでしょう。

_____ be here soon.

【Will it ～?「～するでしょうか」】

③ 明日は晴れるでしょうか。

—— はい，晴れるでしょう。／ いいえ，晴れないでしょう。

_____ it be sunny tomorrow?

—— Yes, it _____. / No, it _____ _____.

【What will you ～?「(あなたは)何を～するでしょうか」】

④ 夕食のあと，あなたは何をしますか。

—— 私はテレビを見ます。

_____ _____ you do after dinner?

—— _____ watch TV.

【I won't ～.「私は～しないでしょう」】

⑤ 私は二度と遅刻しません。

I _____ be late again.

ポイント

未来の意志・予定を表す will
「～する」「～するつもりだ」のような未来の意志や予定は，〈will＋動詞の原形〉で表すこともできる。

未来の予想を表す will
〈will＋動詞の原形〉は，「～するだろう」のように未来の単純な予想を表すこともできる。

未来を表す will の疑問文
will を使って未来のことをたずねるときは，〈Will＋主語＋動詞の原形 ～?〉で表す。
・Will it ～?「～するでしょうか」
・Will you ～?「～してくれますか」

疑問詞を使う疑問文
文の最初に疑問詞を置いて〈疑問詞＋will＋主語＋動詞の原形 ～?〉の形にする。

will の否定文
will のあとに not を置く。will not は won't と短縮されることが多い。

トライ

解答 ➡ 別冊p.2

1 日本文に合うように，_____ に適する語を書きなさい。

(1) 私はあなたに手紙を書くつもりです。

I _____ write to you.

(2) マイが今晩，夕食を作るでしょう。

Mai _____ make dinner tonight.

(3) 明日はくもりでしょうか。

_____ it be cloudy tomorrow?

(4) だれが土曜日に私たちを訪れるのでしょう。

_____ _____ visit us on Saturday?

(4) 文のはじめに「だれが～」とたずねる疑問詞が入るよ。

チェックの解答 ① I'll ② He'll ③ Will, will, will, not ④ What, will, I'll ⑤ won't

2 ( )内の指示に従って，次の英文を書きなさい。

(1) I didn't forget your birthday. （willを使った未来の文に）

_____

(2) We help you with your homework. （willを使った未来の文に）

_____

(3) They will take a bus to school. （疑問文に）

_____

(4) Open the window. （「～してくれますか」という意味の文に）

_____

3 正しい英文になるように，[ ]内の語句を並べかえなさい。

(1) [bath / will / first / Who / take / a]?

_____

(2) [after / will / with / I / her / school / talk].

_____

(3) [evening / uncle / us / will / My / this / call].

_____

✎ チャレンジ .... 解答 ➡ 別冊p.2

英文を日本語に，日本文を英語になおしなさい。

(1) Will my brother go to school tomorrow?

_____

(2) When will you get back to Tokyo?

_____

(3) I won't play a video game late at night.

_____

(4) 私と弟は8時に学校に向かうつもりです。　　　　　　　＊～に向かう：leave for～

_____

(5) 私たちは今日，海で泳ぐつもりです。

_____

(6) 私は二度とあなたに秘密を話しません。　　　　　　　　＊秘密：secret

_____

確認問題①

解答 ➡ 別冊p.2

1 次の動詞の過去形を _____ に書きなさい。

(1) study _____   (2) read _____   (3) come _____

(4) see _____   (5) have _____   (6) speak _____

(7) give _____   (8) make _____   (9) go _____

(10) buy _____   (11) tell _____   (12) say _____

2 正しい英文になるように，_____ にwas または were を入れ，完成した英文を日本語になおしなさい。

(1) My brother _____ late for school this morning.

    _____

(2) _____ you a student two years ago?

    _____

(3) My parents _____ watching TV in the living room.

    _____

(4) My cat _____ sleeping under the table.

    _____

(5) _____ your sister and you at the convenience store last night?

    _____

3 次の対話文が成立するように，_____ に適する語を書きなさい。

(1) A: Did you cook dinner yesterday evening?

    B: No, _____ _____ .

(2) A: Was your brother at home at noon?

    B: Yes, _____ _____ .

(3) A: Where did you go two days ago?

    B: I _____ _____ the stadium.

(4) A: Who bought you this wallet?   *wallet：財布

    B: My uncle _____ .

(5) A: When was her birthday party?

    B: _____ _____ last Saturday.

4 次の英文を日本語になおしなさい。

(1) Is it going to be rainy tomorrow morning?

_____

(2) I won't miss the train again.　　　　　　　　　　*miss the train：電車に乗り遅れる

_____

(3) Was there a drug store in front of the station?　　　　*in front of：〜の前に

_____

(4) Did you send an e-mail to your friend before bedtime?

_____

5 正しい英文になるように，[　　　]内の語句を並べかえなさい。ただし，使わない語がひとつあります。

(1) [going / How / music / you / long / to / will / to / are / listen]?

_____

(2) [help / homework / you / with / going / me / Will / my]?

_____

(3) [you / When / did / sneakers / to / are / going / the / buy]?

_____

(4) [didn't / My / the / department store / to / parents / going / go].

_____

(5) [taking / took / then / I / shower / was / a].

_____

6 次の日本文を英語になおしなさい。

(1) サラダは新鮮でしたが，スープは熱くありませんでした。

_____

(2) 私はその店に行って，食べ物と飲み物を買いました。

_____

(3) 彼女と私の妹は学校の同級生でした。

_____

(4) 私の父は20分間，鍵を探していました。

_____

6 can, may

チェック

空欄をうめて，例文を完成させましょう。

【can「〜できる」】

① 彼はカレーを料理することができます。

He ＿＿＿＿＿ cook curry.

【could「〜できた」】

② 私は3歳で泳ぐことができました。

I ＿＿＿＿＿ swim at three.

【Can I 〜？「〜してもいいですか」】

③ テレビを見てもいいですか。 ── いいですよ。

＿＿＿＿＿ ＿＿＿＿＿ watch TV? ── Sure.

【May I 〜？「〜してもよろしいですか」】

④ ここに座ってもよろしいですか。 ── もちろんです。

＿＿＿＿＿ ＿＿＿＿＿ sit here? ── Of course.

【may「〜かもしれない」】

⑤ もうすぐ雨が降るかもしれません。

It ＿＿＿＿＿ rain soon.

ポイント

能力・可能を表す can

「〜できる」と能力・可能の意味を表すときは，〈can＋動詞の原形〉を使う。canは，be able toに置きかえることができる。

canの過去形 could

couldはcanの過去形で，「〜できた」という意味を表す。

許可・依頼の can

Can I 〜？は，「〜してもよいですか」と相手に許可を求める表現。

許可の may

May I 〜？は相手に許可を求める表現で，Can I 〜？よりもていねいな言い方。

推量の may

mayには，「〜かもしれない」という推量の意味もある。

トライ

解答 ➡ 別冊p.3

1 日本文に合うように，＿＿＿＿ に適する語を書きなさい。

(1) 私はピアノを弾くことができます。

① I ＿＿＿＿＿ play the piano.

② I ＿＿＿＿＿ ＿＿＿＿＿ ＿＿＿＿＿ play the piano.

(2) 彼女は英語を話すことができます。

① She ＿＿＿＿＿ speak English.

② She ＿＿＿＿＿ ＿＿＿＿＿ ＿＿＿＿＿ speak English.

(1) ②は主語が I だから，be 動詞は am だね。

(3) ジャックは100メートルを泳ぐことができます。

① Jack ＿＿＿＿＿ swim 100 meters.

② Jack ＿＿＿＿＿ ＿＿＿＿＿ ＿＿＿＿＿ swim 100 meters.

(4) この店では果物を売っていないかもしれません。

This store ＿＿＿＿＿ not sell fruit.

チェックの解答 ① can ② could ③ Can, I ④ May, I ⑤ may

2 （　　　）内の指示に従って，次の英文を書きなさい。

(1)　I can sleep well.　（過去の文に）

_____

(2)　They are not able to win the game.　（過去の文に）

_____

(3)　Lisa and George can understand each other.　（未来の文に）　　*each other：お互いに

_____

(4)　Can I use this dictionary?　（ていねいな言い方に）

_____

3 正しい英文になるように，[　　　]内の語句を並べかえなさい。

(1)　[may / You / the / food / library / not / bring / in].

_____

(2)　[you / this / for / Can / me / bag / carry]?

_____

(3)　[I / the / open / May / window]?

_____

💬 **チャレンジ** ･･ （解答 ➡ 別冊p.3）

英文を日本語に，日本文を英語になおしなさい。

(1)　Tom is able to read Japanese books.

_____

(2)　My parents may not understand my story.

_____

(3)　May I help you?

_____

(4)　私はサッカーができます。私はバスケットボールもできます。

_____

(5)　友達の家に行ってもいいですか。

_____

(6)　来週は暖かくなるかもしれません。　　　　　　　　　　　*暖かい：warm

_____

7 must / have to / should

チェック

空欄をうめて，例文を完成させましょう。

【must「～しなければならない」】

① 私は中国語を一生懸命に勉強しなければなりません。

I ＿＿＿＿＿ study Chinese hard.

【have to「～しなければならない」】

② 私はもう家に帰らなければなりません。

I ＿＿＿＿＿ ＿＿＿＿＿ go home now.

【must「～にちがいない」】

③ あなたは病気にちがいありません。

You ＿＿＿＿＿ be sick.

【should「～したほうがいい」】

④ あなたは野菜を食べたほうがいいですよ。

You ＿＿＿＿＿ eat vegetables.

> **ポイント**
>
> **義務を表す must**
> 〈must＋動詞の原形〉で「～しなければならない」という義務の意味を表す。
>
> **義務を表す have to**
> 〈have to＋動詞の原形〉も義務の意味を表すことができる。
>
> **推量を表す must**
> mustには，「～にちがいない」という強い推量の意味もある。
>
> **義務・助言を表す should**
> 〈should＋動詞の原形〉で，「～したほうがいい」という義務・助言の意味を表す。

トライ

解答 ➡ 別冊p.3

1 日本文に合うように，＿＿＿＿＿ に適する語を書きなさい。

(1) 私は宿題をしなければなりません。

① I ＿＿＿＿＿ do my homework.

② I ＿＿＿＿＿ ＿＿＿＿＿ do my homework.

(2) アリサは日曜日にジョンに電話をしなければなりません。

① Arisa ＿＿＿＿＿ call John on Sunday.

② Arisa ＿＿＿＿＿ ＿＿＿＿＿ call John on Sunday.

(3) 今，部屋の掃除をしなければなりませんか。

① ＿＿＿＿＿ I clean my room now?

② ＿＿＿＿＿ I ＿＿＿＿＿ ＿＿＿＿＿ clean my room now?

(4) 病院で走ってはいけません。

You ＿＿＿＿＿ not run in the hospital.

(5) あなたはそこへ行く必要はありません。

You ＿＿＿＿＿ ＿＿＿＿＿ ＿＿＿＿＿ go there.

> (2) ② 主語が3人称単数になっているね。

チェックの解答 ① must ② have, to ③ must ④ should

2 (   )内の指示に従って，次の英文を書きなさい。

(1) Don't tell a lie.　（mustを使ってほぼ同じ意味の文に）　　　　　　　　　*lie：嘘^{うそ}

_____

(2) Do I have to go to bed now?　（mustを使ってほぼ同じ意味の文に）

_____

(3) Must we finish everything before eight o'clock?　（Noで答えて）

_____

(4) I have to catch the bus.　（主語を「母は」に変えて）

_____

3 正しい英文になるように，[   ]内の語句を並べかえなさい。

(1) [to / promise / keep / our / have / We].

_____

(2) [Nancy / to / You / that / apologize / for / should].　　　*apologize：謝る

_____

(3) [Friday / report / I / Must / a / write / by]?

_____

💬 **チャレンジ** ·· 解答 ➡ 別冊p.4

英文を日本語に，日本文を英語になおしなさい。

(1) He has to leave home at seven.

_____

(2) That girl must be Tom's sister.

_____

(3) She should get up early.

_____

(4) あなたはここで待つ必要はありません。

_____

(5) あなたはこの本を読まなければなりません。

_____

(6) 私たちはお年寄りに親切にすべきです。　　　　　　　　　＊お年寄り：old people

_____

8 依頼・勧誘・提案の表現

チェック

空欄をうめて，例文を完成させましょう。

【Could you ～?「～していただけませんか」】

① 私を駅に連れて行っていただけませんか。

　　── わかりました。

_____ _____ take me to the station?

　　── All right.

【Would you like ～?「～はいかがですか」】

② お茶はいかがですか。

_____ _____ _____ some tea?

【Shall I ～?「～しましょうか」】

③ ドアを開けましょうか。　── はい，お願いします。

_____ _____ open the window?　── Yes, please.

ポイント

相手に依頼する表現

〈Could[Would] you＋動詞の原形 ～?〉は「～していただけませんか」と相手に依頼する表現。Can you ～?よりもていねいな言い方。

相手に勧める表現

Would you like ～?は「～はいかがですか」と何かを勧める表現。

相手に提案・勧誘をする表現

・〈Shall I＋動詞の原形 ～?〉
→「（私が）～しましょうか」
・〈Shall we＋動詞の原形 ～?〉→「（いっしょに）～しましょうか」。Let's～とほぼ同じ意味になる。

トライ

解答 ➡ 別冊p.4

1 日本文に合うように，_____ に適する語を書きなさい。

(1) 明かりを消していただけませんか。　── いいですよ。

_____ _____ turn off the light?　── Sure.

(1) 「～してくれませんか」よりもていねいな表現が入るよ。

(2) チョコレートはいかがですか。

　　── はい，お願いします。

_____ _____ _____ some chocolate?

　　── Yes, please.

(3) コンピュータの電源をつけましょうか。

　　── いいえ，けっこうです。

_____ _____ turn on the computer?

　　── No, _____ _____.

(4) このようなカゴがほしいのですが。

_____ _____ a basket like this.

(4) would like ～ は，want（～がほしい）のていねいな言い方としても使えるよ。

チェックの解答 ① Could, you ② Would, you, like ③ Shall, I

2 ( ) 内の指示に従って，次の英文を書きなさい。

(1) We drink coffee at the cafe. （shallを使って「～しましょうか」と誘う表現に）

_____

(2) Will you close the curtain? （よりていねいな表現に）

_____

(3) I will call you later. （「～しましょうか」と申し出る表現に）

_____

(4) Can you carry this bag for me? （よりていねいな表現に）

_____

(5) You want a break. （下線部を勧める表現に）   *break：休憩

_____

(6) Let's go to the museum! （同じ内容の疑問文に）

_____

(7) Do you want some wine? （よりていねいな表現に）

_____

チャレンジ .... 解答 ➡ 別冊p.4

英文を日本語に，日本文を英語になおしなさい。

(1) Could you pick me up at the station?   *pick up：迎えにいく

_____

(2) Would you lend me these comic books?

_____

(3) Would you like some more sugar?

_____

(4) 傘をお貸ししましょうか。

_____

(5) 放課後，いっしょにギターを弾きましょうか。

_____

(6) おやつはいかがですか。

_____

9 There is 〜．の文・疑問文・否定文

チャート式シリーズ参考書 >> 第4章 36 〜 42

チェック

空欄をうめて，例文を完成させましょう。

【There is ＋単数名詞．「〜があります」「〜がいます」】

① テーブルの上に箱があります。

_____ _____ a box on the table.

【There are ＋複数名詞．「〜があります」「〜がいます」】

② 体育館に何人かの生徒がいます。

_____ _____ some students in the gym.

【There was 〜．「〜がありました」「〜がいました」】

③ ここには大きな公園がありました。

_____ _____ a big park here.

【Is there 〜？「〜がありますか」「〜がいますか」】

④ あなたの家の近くには駅がありますか。

—— はい，あります。/ いいえ，ありません。

_____ _____ a station near your house?

—— Yes, _____ _____. / No, _____ _____.

【How many 〜 are there?「いくつの〜がありますか」】

⑤ その袋に何個のリンゴが入っていますか。

—— 5個のリンゴが入っています。

_____ _____ apples _____ _____ in the bag?

—— _____ _____ five apples.

【There isn't 〜．「〜はありません」「〜はいません」】

⑥ この近くに病院はありません。

_____ _____ a hospital near here.

【There is[are] no 〜．「〜はありません」「〜はいません」】

⑦ 今日は授業がありません。

_____ _____ _____ classes today.

ポイント

「〜がある/〜がいる」の表現
〈There ＋be動詞 〜．〉で「〜がある」「〜がいる」の意味を表す。
・主語が単数の場合
〈There is ＋単数名詞．〉
・主語が複数の場合
〈There are ＋複数名詞．〉

「〜があった/〜がいた」の表現
過去の文にしたいときは，be動詞を過去形にする。主語が単数名詞ならbe動詞はwas，複数名詞ならwereを使う。

There is 〜．の疑問文
be動詞をthereの前に出して〈be動詞＋there＋名詞？〉で表す。

数をたずねる疑問文
「いくつあるか」と数をたずねるときは，How many 〜 are there?の形で表す。

There is 〜．の否定文
be動詞のあとにnotを置く。any（1つも，少しも）で否定の意味を強調することがある。

noを使った否定文
There is[are] no 〜．の形で「〜は1つもない」「〜は1人もいない」という否定の意味を表す。not anyを使った文とほぼ同じ意味になる。

トライ

解答 ➡ 別冊p.4

1 日本文に合うように，_____ に適する語を書きなさい。

主語が単数か複数かよく考えよう。

(1) 箱の中に1個のリンゴがあります。

_____ _____ an apple in the box.

(2) 公園に何匹かネコがいます。

_____ _____ some cats in the park.

チェックの解答　① There, is　② There, are　③ There, was　④ Is, there, there, is, there, isn't　⑤ How, many, are, there, There, are　⑥ There, isn't　⑦ There, are, no

2 (　　　)内の指示に従って，次の英文を書きなさい。

(1) There are <u>two dictionaries</u> on the desk. （下線部を「1冊の辞書」に）

_____

(2) There is <u>a cat</u> on the tree. （下線部を「何匹かのネコ」に）

_____

(3) There is a dog in front of the house. （疑問文にしてYesで答えて）

_____

(4) There are <u>three computers</u> in Mr. Brown's house. （下線部の数を問う疑問文に）

_____

3 正しい英文になるように，[　　　]内の語句を並べかえなさい。

(1) [bank / isn't / here / a / There / near].

_____

(2) [Are / park / in / there / benches / the / no]?

_____

(3) [zoo / street / Is / the / there / a / on]?

_____

💬 **チャレンジ** ・・ 解答 ➡ 別冊 p.4

英文を日本語に，日本文を英語になおしなさい。

(1) There was a long bridge over the river.

_____

(2) Is there a drama club in your school?

_____

(3) How many bananas are there in the box?

_____

(4) あなたの作文には1つのまちがいもありません。　　　　　　　　　　　　　＊作文：essay

_____

(5) その町にはホテルは1軒もありません。

_____

(6) 部屋にはいくつかの机がありました。　　　　　　　　　　　　　　　　　　＊いくつかの：several

_____

1 正しい英文になるように，[　　　]の中から適切なものを選びなさい。

(1) She [is / was / can] play the flute.

(2) You [may / are / were] play with the dog.

(3) I [may not / wasn't / couldn't] have dinner yesterday.

(4) [Does / May / Was] I use a computer here?

2 次の日本文の意味に合うように，＿＿＿＿＿ に適する語を入れなさい。

(1) 図書館では静かにしなくてはなりません。

　　 You ＿＿＿＿＿ be quiet in the library.

(2) 駅までの道を教えていただけませんか。

　　 ＿＿＿＿＿ you show me the way to the station?

(3) 先生の話を聞いたほうがいいですよ。

　　 You ＿＿＿＿＿ listen to the teacher.

(4) 私が病院まで送っていきましょうか。

　　 ＿＿＿＿＿ ＿＿＿＿＿ take you to the hospital?

(5) 私たちは海で泳ぐことができませんでした。

　　 We ＿＿＿＿＿ ＿＿＿＿＿ ＿＿＿＿＿ swim in the sea.

3 次の対話文が成立するように，（　　　）内の指示に従って英文を完成させなさい。

(1) A : Were there many birds in the sky then?　（Yesで答えて）

　　 B : ＿＿＿＿＿＿＿＿＿＿＿＿＿＿ .

(2) A : Can I have a snack here?　（Noで答えて）

　　 B : ＿＿＿＿＿＿＿＿＿＿＿＿＿＿ .

(3) A : ＿＿＿＿＿＿＿＿＿＿＿＿＿＿ in the drawer?　（数を問う文に）

　　 B : There are five staplers in the drawer.　*stapler：ホッチキス

(4) A : ＿＿＿＿＿＿＿＿＿＿＿＿＿＿ some coffee?　（相手に勧める文に）

　　 B : Yes, please.

(5) A : ＿＿＿＿＿＿＿＿＿＿＿＿＿＿ close the door?　（相手に提案する文に）

　　 B : Yes, please.

4 次の英文を日本語になおしなさい。

(1) You are going to go to Kamakura. Are there hot springs there? *hot spring：温泉

_____

(2) How many bicycles are there in the house?

_____

(3) Must I bring my homework next time? —— No, you don't have to.

_____

(4) There are some dogs under the tree.

_____

(5) She may not call you soon.

_____

5 正しい英文になるように，[   ]内の語句を並べかえなさい。ただし，使わない語がひとつあります。

(1) [buy / the / department store / with / You / at / should / a dress].

_____

(2) [to / you / we / karaoke / later / Shall / go]?

_____

(3) [there / Are / mistakes / in / test / any / the / do]?

_____

(4) [be / must / does / They / tired / today].

_____

6 次の日本文を英語になおしなさい。

(1) 公園で昼食を食べましょうか。（shallを使って）

_____

(2) あなたはすぐにきれいな写真が撮れるようになるでしょう。

_____

(3) 私の妹は新しいイヌの世話をしなければならないでしょう。

_____

(4) 彼女は今夜，早く寝る必要はありません。

_____

10 主語（S）＋動詞（V）＋補語（C）

 チェック

空欄をうめて，例文を完成させましょう。

【become ～「～になる」】

① あなたはよいピアニストになるでしょう。

You will _____ a good pianist.

【look ～「～に見える，～のようだ」】

② このケーキはおいしそうです［おいしく見えます］。

This cake _____ good.

【get ～「～になる」】

③ 暗くなる前に家に帰りましょう。

Let's go home before it _____ dark.

 ポイント

補語とは

主語について説明を加える名詞や形容詞のことを補語という。

（例）
・become ＋名詞/形容詞 → 「～になる」
・look ＋形容詞 → 「～に見える，～のようだ」
・look like＋名詞 → 「～に見える，～のようだ」
・get ＋形容詞 → 「～になる」
・feel ＋形容詞 → 「～に感じる」

 トライ

解答 ➡ 別冊p.5

1 日本文に合うように，_____ に適する語を書きなさい。

(1) 彼女はよい歌手になりました。

She _____ a good singer.

(2) 彼は背が高くなるでしょう。

He _____ _____ tall.

(3) この果物はおいしそうです。

This fruit _____ delicious.

(4) その病院はホテルのように見えます。

The hospital _____ _____ a hotel.

(5) ジムはすぐによくなるでしょう。

Jim _____ _____ well soon.

(6) 彼女の顔は赤くなりました。

Her face _____ red.

(7) あなたの計画はよさそうです［よさそうに聞こえます］。

Your plan _____ good.

上の他にも，sound「～に聞こえる」，turn「～（色）になる」,grow「～になる」などがあるよ。

チェックの解答 ① become ② looks ③ gets

2 次の英文のS，V，Cはそれぞれどの部分ですか。下線を引きS，V，Cを示しなさい。

(1) My friend became a good teacher.

(2) Your uncle looks young.

(3) I feel very hungry.

(4) The plant is growing big.

3 （　　　）内の指示に従って，次の英文を書きなさい。

(1) This plan is great. （「～のように聞こえる」という文に）
_____

(2) These leaves are yellow. （「～になる」という文に）
_____

(3) Your brother is an adult. （「～に見える」という文に）
_____

💬 チャレンジ ·· 解答 ➡ 別冊p.5

英文を日本語に，日本文を英語になおしなさい。

(1) The building looks like a university.
_____

(2) Tom looked happy at the party.
_____

(3) I got a little hungry.
_____

(4) 冷蔵庫のケーキはおいしそうです。　　　　　　　　　　＊冷蔵庫：refrigerator
_____

(5) 彼はよい俳優になれるでしょう。　　　　　　　　　　　＊俳優：actor
_____

(6) その信号が赤に変わりました。　　　　　　　　　　　　＊信号：traffic light
_____

11 主語（S）＋動詞（V）＋目的語（O）＋目的語（O）／
主語（S）＋動詞（V）＋目的語（O）＋補語（C）

チェック

空欄をうめて，例文を完成させましょう。

【give＋O（人）＋O（もの）「（人）に（もの）を与える」】

① 父は私に腕時計をくれました。

My father _____ me a watch.

【give＋O（もの）＋to＋O（人）への書きかえ】

② 私はその本を弟にあげました。

I _____ the book _____ my brother.

【call＋O＋C「OをCと呼ぶ」】

③ 私たちは彼女をキャシーと呼んでいます。

We _____ her Kathy.

【make＋O＋C「OをCにする」】

④ その知らせは彼を幸せにするでしょう。

The news will _____ him happy.

> **ポイント**
>
> **S＋V＋O（人）＋O（もの）の文型**
> 2つの目的語を使って「（人）に（もの）を～する」の意味になる。
>
> **S＋V＋O（もの）＋to＋O（人）**
> 〈give＋人＋もの〉と同じ意味を〈give＋もの＋to＋人〉で表せる。
>
> **call＋O＋C**
> 〈call＋目的語（O）＋補語（C）〉の形で「OをCと呼ぶ」の意味。
>
> **make＋O＋C**
> 〈make＋目的語（O）＋補語（C）〉の形で「OをCにする」の意味。

トライ

解答 ➡ 別冊p.5

1 日本文に合うように，_____ に適する語を書きなさい。

(1) いとこがメールを送ってくれました。

My cousin _____ me an e-mail.

(2) 彼は私たちに国語を教えます。

He _____ Japanese _____ us.

(3) 私たちは赤ん坊をリサと名づけました。

We _____ the baby Lisa.

(4) その薬で私は眠くなりました。

The drug _____ me sleepy.

(5) 私があなたによいアイディアを授けましょう。

I'll _____ you a good idea.

(6) 彼はいつも私を「マスター」と呼びます。

He always _____ me "master".

> SVOC の文型では，目的語と補語がイコールの関係になるよ。

チェックの解答 ① gave ② gave, to ③ call ④ make

2 次の英文のS, V, O, O / Cはそれぞれどの部分ですか。下線を引きS, V, O, O / Cを示しなさい。

(1) He told me his secret.

(2) My aunt bought me some snacks.

(3) My father made me breakfast.

(4) They call the new classmate JJ.

3 正しい英文になるように, [　　　]内の語句を並べかえなさい。

(1) [rumor / made / sad / me / very / The].　　　　　　　　　　　*rumor：うわさ

_____

(2) [cup / made / a / She / tea / of / me].

_____

(3) [lent / her / favorite / Kumi / me / CD].

_____

解答 ➡ 別冊p.6

🍃 **チャレンジ** ....

英文を日本語に, 日本文を英語になおしなさい。

(1) She got her daughter beautiful flowers.

_____

(2) I have to keep the garden clean.

_____

(3) My friend showed me a map.

_____

(4) 若い男の人が私に駅までの道をたずねました。

_____

(5) 私たちはその情報がとても役に立つとわかりました。　　　　　　　　*役に立つ：useful

_____

(6) だれがあなたにそれを買ってくれたのですか。

_____

12 and / or / but / so

チャート式シリーズ参考書 >>
第6章 50 ～ 53

🖊 チェック

空欄をうめて，例文を完成させましょう。

【and「〜と…」「〜そして…」】
① 私はお風呂に入って，寝ました。

I took a bath ＿＿＿＿ went to bed.

【or「〜か…」「〜または…」】
② あなたは夏と冬ではどちらが好きですか。

Which do you like, summer ＿＿＿＿ winter?

【but「〜しかし…」「〜だが…」】
③ 私は彼女に話しかけましたが，彼女は答えませんでした。

I talked to her, ＿＿＿＿ she didn't answer.

【so「〜だから…」「〜それで…」】
④ 雨が激しく降っていたので，私は家にいました。

It was raining hard, ＿＿＿＿ I stayed at home.

ポイント

接続詞 and/or/but/so の働き
・and
語句や文を結びつける。「〜と…」「〜そして…」の意味。
・or
「〜か…」「〜または…」と，2つのうちのどちらかの意味を表す。
・but
対立する語句や文を結びつけて「〜しかし…」「〜だが…」の意味。
・so
主に文と文を結びつけて「〜だから…」「〜それで…」と，結果を表す。

🖊 トライ

解答 ➡ 別冊p.6

1 日本文に合うように，＿＿＿＿ に適する語を書きなさい。

(1) 私はバナナとリンゴが好きです。

I like bananas ＿＿＿＿ apples.

(2) ペンか鉛筆を持っていますか。

Do you have a pen ＿＿＿＿ a pencil?

(3) 彼は恥ずかしがりやですが勇敢です。

He is shy ＿＿＿＿ brave.

(4) 彼女は疲れていたので，早く寝ました。

She was tired, ＿＿＿＿ she went to bed early.

(5) 私は家に帰ってからイヌの散歩をしました。

I went home ＿＿＿＿ walked the dog.

(6) 彼はマンガは好きですが，アニメは好きではありません。

He likes comic books, ＿＿＿＿ he doesn't like animation.

(1) 語句と語句を結びつける接続詞が入るよ。

チェックの解答 ① and ② or ③ but ④ so

2 正しい英文になるように，（　　　）の中から適切なものを選びなさい。

(1) Which do you play, video games (but / and / or) table tennis?

(2) She stayed up late, (or / but / so) she was late for school.

(3) He stayed up late, (or / but / so) he was in time for school.

3 正しい英文になるように，[　　　]内の語句を並べかえなさい。

(1) [the / I / to / restaurant / hungry, / went / I was / so].

(2) [strange, / is / her / likes / She / everybody / but].

(3) [early, / be / or / Go to bed / will / for school / you / late].

(4) [and / hard, / will / the / Study / pass / exam / you].

解答 ➡ 別冊p.6

チャレンジ

英文を日本語に，日本文を英語になおしなさい。

(1) My mother went shopping and my father cooked dinner.

(2) I listened to music, but I couldn't relax.

(3) My sister was very thirsty, so she drank some milk.

(4) ジャック（Jack）は人なつっこくて正直です。

(5) 彼女はとても眠かったので，お風呂に入りませんでした。

(6) 彼女はメールを書きましたが，送りませんでした。

13 when / while など

チャート式シリーズ参考書 >>
第6章 54 ～ 57

✎ チェック

空欄をうめて, 例文を完成させましょう。

【when「〜するとき」】

① 私が家に帰ってきたとき, あなたは眠っていました。

_____ I came home, you were sleeping.

【while「〜する間に」】

② 熱い間に, お茶を飲んでください。

Please drink the tea _____ it's hot.

【before「〜する前に」】

③ テレビを見る前に宿題をしなさい。

Do your homework _____ you watch TV.

【until「〜するまで (ずっと)」】

④ 私が戻ってくるまで待っていてください。

Please wait _____ I come back.

ポイント

時を表す接続詞

・when
「〜するとき」を意味し, 文の前にも置ける。
・while
「〜する間に」を意味する接続詞で, 文の前にも置ける。
・before, after
before は「〜する前に」, after は「〜したあとに」を意味し, 文の前にも置ける。
・until
「〜するまで (ずっと)」の意味。till も同じ意味を表す。

✎ トライ

解答 ➡ 別冊p.6

1 日本文に合うように, _____ に適する語を書きなさい。

(1) 今夜, 雪が降ったら私は外出しません。

I won't go out _____ it _____ this evening.

(2) あなたがジョンに電話している間に, リサが訪ねてきました。

Lisa visited you _____ you were calling John.

(3) この店は午後8時まで開いています。

This shop is open _____ 8 p.m.

(4) 私の祖父は若い頃, 泳ぎが得意でした。

My grandfather was good at swimming _____ he was young.

(5) 私はハワイにいる間, まったくテレビを見ませんでした。

_____ I was in Hawaii, I didn't watch TV at all.

(1) 「〜したら」と未来のことを表すときは, when に続く動詞は現在形を使うよ。

チェックの解答 ① When ② while ③ before ④ until

2 日本文に合うように，before か after を使って文を完成させなさい。

(1) 私の兄は，朝食の前に散歩をします。

My brother takes a walk _____.

(2) 彼女は雨がやんだあと，外出しました。

_____, she went out.

(3) ヨシコは寝る前に，日記を書きました。

Yoshiko wrote a diary _____.

(4) ケンジは家に帰ったあと，兄とキャッチボールをしました。

Kenji played catch with his brother _____.

3 正しい英文になるように，[   ]内の語句を並べかえなさい。

(1) [was / eleven / America / to / Her family / when / went / she].

_____

(2) [sleepy / while / I / listening / became / I / to / was / the radio].

_____

(3) [after / bath / I / bed / go / a / I / take / to].

_____

💦 チャレンジ ・・ 解答 ➡ 別冊p.6

英文を日本語に，日本文を英語になおしなさい。

(1) After he played a video game, he took a bath.

_____

(2) My sister will finish her homework before my father comes home.

_____

(3) Strike while the iron is hot. （ことわざ）　　　　　　　　*strike：打つ　*iron：鉄

_____

(4) 私たちは朝から晩まで観光にいきました。　　　　　　*観光にいく：go sightseeing

_____

(5) 私はとてもおなかがすいていたので，食べ過ぎてしまいました。　*～し過ぎる：too much

_____

(6) 私があなたに電話をかけたとき，あなたは何をしていましたか。 （Whatから始めて）

_____

14 if / because

チェック

空欄をうめて，例文を完成させましょう。

ポイント

【if「もし〜なら」】

① もし疲れているなら，私があなたのかばんを運びましょう。

_____ you are tired, I'll carry your bag.

【because「〜なので」「〜だから」】

② 私はかぜをひいているので，今日は泳げません。

I can't swim today _____ I have a cold.

> **接続詞 if**
> 「もし〜なら」の意味で，文と文を結びつける。文の前にも置ける。

> **接続詞 because**
> 「〜なので」と理由を述べるときに使う。文の前にも置ける。

トライ

解答 ➡ 別冊p.7

1 日本文に合うように，_____ に適する語を書きなさい。

(1) もし明日雨が降れば，私は家にいます。

_____ it rains tomorrow, I will stay at home.

(1) if 節の動詞は，未来のことであっても現在形で表すよ。

(2) 明日晴れなら，私たちは公園で走るつもりです。

We will run in the park _____ it is fine tomorrow.

(3) 私はおなかがすいていたので，ケーキを全部食べてしまいました。

_____ I was hungry, I ate all the cake.

(4) なぜ学校を休んだのですか。 —— 病気だったからです。

Why were you absent from school? —— _____ I was sick.

(5) もし暇なら，私に電話をして下さい。

_____ you are free, please call me.

(6) ナンシーはかぜをひいたので部活に参加しませんでした。

Nancy didn't take part in the club activity _____ she had a cold.

(7) 私は時間がなかったのでクリスマスケーキを作ることができませんでした。

I couldn't make a Christmas cake _____ I didn't have time.

(8) もし手助けが必要なら呼びなさい。

Call me _____ you need help.

チェックの解答 ① If ② because

2 正しい英文になるように，[　　　]内の語句を並べかえなさい。

(1) [I / the / closed / it was / because / window / cold / very].

_____

(2) [have / buy / I / money, / I / If / will / car / a].

_____

(3) [was / Because / water / Ray / a lot of / she / thirsty, / drank].

_____

(4) [liked / because / Rick / he / shirt / bought / it / the].

_____

(5) [will / you / If / visit / can't / go out, / I / you].

_____

(6) [playing / because / happy / guitar / She / she / is / is / the].

_____

(7) [give / I / If / you / cookies, / I / bake / will / some of them].

_____

💬 **チャレンジ** ·· 解答 ➡ 別冊p.7

英文を日本語に，日本文を英語になおしなさい。

(1) If it is fine tomorrow, I will go swimming in the river.

_____

(2) If you are sleepy, go to bed early.

_____

(3) She called some of her friends because she was lonely.

_____

(4) ケン(Ken)は学校に遅刻したので悲しかったです。

_____

(5) 彼女は朝食を食べなかったので，とてもおなかがすいていました。

_____

(6) もしあなたはテレビゲームをすれば，夜更かしをするでしょう。　　*夜更かしをする：stay up late

_____

15 that

✏ チェック

空欄をうめて，例文を完成させましょう。

【I think（that）～.「～と思います」】

① 私は彼がかぜをひいていると思います。

I ＿＿＿＿＿ ＿＿＿＿＿ he has a cold.

【tell her（that）～.「～と彼女に言う」】

② 私はまた来ると彼女に伝えてください。

Please ＿＿＿＿＿ her ＿＿＿＿＿ I will come again.

【I'm glad（that）～.「～してうれしいです」】

③ 私はあなたがそれを気に入ってくれてうれしいです。

I'm ＿＿＿＿＿ ＿＿＿＿＿ you like it.

【時制の一致】

④ 私はあなたが怒っていると思いました。

I ＿＿＿＿＿ that you ＿＿＿＿＿ angry.

ポイント

接続詞 that の用法

「～ということ」の意味で，あとには文が続く。この用法の that は省略されることがある。

①〈think+that ～〉
「～と思う」の意味を表す。

②〈tell ＋人＋ that ～〉
「人に～と言う（～ということを伝える）」の意味を表す。

③〈感情を表す形容詞＋that ～〉
「～して…だ」という感情の原因・理由を表す。

時制の一致

that の前の動詞が過去形のときは，あとの動詞も過去形にする。

✏ トライ

解答 ➡ 別冊 p.7

1 日本文に合うように，＿＿＿＿＿ に適する語を書きなさい。

(1) 私は彼女が幸せだと思います。

I ＿＿＿＿＿ ＿＿＿＿＿ she is happy.

(2) 彼に私は遅れると言ってください。

Please ＿＿＿＿＿ him ＿＿＿＿＿ I will be late.

(3) 彼女は私がここに来て喜んでいます。

She is ＿＿＿＿＿ ＿＿＿＿＿ I came here.

(4) 彼女は自分のネコがおなかをすかしていると思いました。

She ＿＿＿＿＿ that her cat ＿＿＿＿＿ hungry.

(5) ポールはリンダが来なかったことを悲しんでいます。

Paul is ＿＿＿＿＿ ＿＿＿＿＿ Linda didn't come.

(6) 私はきっと彼が試合に勝つと思います。

I'm ＿＿＿＿＿ ＿＿＿＿＿ he will win the match.

(4) 接続詞 that の前の動詞が過去形ならば，そのあとの動詞も過去形になるよ。

チェックの解答 ① think, that ② tell, that ③ glad, that ④ thought, were

2 例にならって，次の英文を過去形に書きかえなさい。

例）They know that she has a cat. → They knew that she had a cat.

(1) Jane knows that you are in time for school.

_____

(2) Her uncle tells her that he will come to Tokyo.

_____

(3) Jane's father thinks that she is very sleepy.

_____

3 正しい英文になるように，[   ]内の語句を並べかえなさい。

(1) [I / that / Everybody / lived / knew / near the station].

_____

(2) [a big steak / she / is / daughter / happy / My / ate / that].

_____

(3) [he / my father / tells / hard / that / works / My mother / too].

_____

(4) [sorry / time / couldn't / here / that / I'm / on / come / I].

_____

💬 チャレンジ ……………………………………………………… 解答 ➡ 別冊p.7

英文を日本語に，日本文を英語になおしなさい。

(1) Do you think that Emi is shy?

_____

(2) Can you show me that you are right?

_____

(3) She was surprised that she met me in the hospital.

_____

(4) 私が泣いていると思ったのですか。

_____

(5) 私は今夜，忙しくないと思います。

_____

(6) 残念ですが，今晩は皿洗いができません。

_____

1 正しい英文になるように，[　　　]の中から適切なものを選びなさい。

(1) We visited Mike, [and / or / but] he wasn't at home.

(2) Which do you like better, rice [and / or / but] bread?

(3) My sister was writing an e-mail [which / what / when] I came home.

(4) Hurry up, [and / or / but] you will catch the last train.

(5) She eats breakfast [before / while / until] she brushes her teeth.

2 次の英文で，thatが省略できるものは○，省略できないものには✗を書きなさい。

(1) What is that on the sofa?　　　　　_____

(2) She knows that I was late for school.　　_____

(3) My teacher told me that I was right.　　_____

(4) Who is that lady?　　　　　_____

(5) I don't think that you lied.　　　_____

3 次の英文の下線部は，S, V, O, Cのうちのどれか，(　　　)内に入れなさい。

(1) He　got　very angry.
　( )　( )　　( )

(2) He　showed　me　that picture.
　( )　　( )　　( )　　　( )

(3) She　gave　her mother　a present.
　( )　( )　　　( )　　　　( )

(4) Your sister　looked　happy then.
　　　( )　　　( )　　( )

(5) The family　named　the cat　Jinx.
　　( )　　　( )　　　( )　　( )

(6) Is　your cat　thirsty?
　( )　( )　　　( )

(7) His mother　made　us　a meal.
　　( )　　　　( )　( )　　( )

4 次の英文を日本語になおしなさい。

(1) While you were taking a bath, your friend called you.

_____

(2) I will stay at home if it is rainy tomorrow.

_____

(3) Study hard, or you will fail the exam.

_____

(4) The wind grew strong.

_____

(5) My brother got angry because I ate all the cake.

_____

5 次の英文を,（　　　）内の語句を使って書きかえなさい。

(1) Junko gave me this video game.（to me）

_____

(2) My aunt bought me some comic books.（for me）

_____

(3) Her mother made us pizza for brunch.（for us）

_____

(4) Jack lent us some DVDs.（to us）

_____

6 次の日本文を英語になおしなさい。

(1) 私は新聞を読んだあと，シャワーを浴びました。

_____

(2) 彼は私がまちがっていることを教えてくれました。

_____

(3) 私はあなたがネコを飼うと思っていました。

_____

(4) 私たちはその若い男の人が医者ではないと思いました。

_____

16 不定詞の名詞的用法

チャート式シリーズ参考書 >>
第7章 64〜67

✍ チェック

空欄をうめて，例文を完成させましょう。

【want to 〜「〜したい（と思う）」】

① 私は水を飲みたいです。

I ＿＿＿＿ ＿＿＿＿ ＿＿＿＿ some water.

【like to 〜「〜するのが好きだ」】

② 彼女は本を読むのが好きです。

She ＿＿＿＿ ＿＿＿＿ ＿＿＿＿ books.

【would like to 〜「〜したいのですが」】

③ 私は家にいたいのですが。

＿＿＿＿ ＿＿＿＿ ＿＿＿＿ ＿＿＿＿ at home.

【My dream is to 〜．「私の夢は〜することです」】

④ 私の夢はダンサーになることです。

My dream is ＿＿＿＿ ＿＿＿＿ a dancer.

ポイント

不定詞の名詞的用法
〈to＋動詞の原形〉で「〜すること」を表し，名詞と同じ働きをする。

不定詞を目的語にする動詞
・want to 〜 →「〜したい」
・like to 〜 →「〜するのが好きだ」 など

would like to ＋動詞の原形
want to 〜のていねいな表現。
wouldはよく'dと短縮される。

「〜することだ」の表現
〈be動詞＋to＋動詞の原形〉で「〜することだ」の意味を表す。

🍃 トライ

解答 ➡ 別冊p.8

1 日本文に合うように，＿＿＿＿ に適する語を書きなさい。

(1) 私は映画が見たいです。

I ＿＿＿＿ ＿＿＿＿ ＿＿＿＿ a movie.

(2) 彼女はお風呂に入るのが好きです。

She ＿＿＿＿ ＿＿＿＿ ＿＿＿＿ a bath.

(3) 私はテレビゲームをしたいのですが。

I ＿＿＿＿ ＿＿＿＿ ＿＿＿＿ ＿＿＿＿ a video game.

(3) 自分の気持ちをていねいに伝える表現だよ。

(4) 彼女の希望は外国に行くことです。

Her hope is ＿＿＿＿ ＿＿＿＿ abroad.

(5) 私の仕事は自然の写真を撮ることでした。

My job ＿＿＿＿ ＿＿＿＿ ＿＿＿＿ pictures of nature.

(6) 彼らは宿題をするのを忘れませんでした。

They ＿＿＿＿ ＿＿＿＿ ＿＿＿＿ do their homework.

チェックの解答 ① want, to, drink ② likes, to, read ③ I'd, like, to, stay ④ to, become

2 (   )内の指示に従って，次の英文を書きなさい。

(1) She wants to walk in the park.　（過去の文に）

_____

(2) My mother started to cook dinner.　（否定文に）

_____

(3) I want to talk to Mr. Tanaka.　（ていねいな表現に）

_____

(4) Her dream is to become a nurse.　（不定詞が主語の文に）

_____

3 正しい英文になるように，[   ]内の語句を並べかえなさい。

(1) [lunch / restaurant / Their hope / have / at / is / the / to].

_____

(2) [you / coffee / have / like / of / a / Would / to / cup]?

_____

(3) [know / Do / began / you / it / to / rain / that]?

_____

> 🗨 **チャレンジ** ....　解答 ➡ 別冊p.8

英文を日本語に，日本文を英語になおしなさい。

(1) Did you want to watch TV in the living room?

_____

(2) She tried to close the door, but she couldn't.

_____

(3) What would you like to have for dessert?　　　*for dessert：デザートに

_____

(4) 父は時に「百聞は一見にしかず［見ることは信じることだ］」と言います。

_____

(5) 卒業したあとは何になりたいですか。　　　*卒業したあと：after graduation

_____

(6) 放課後に何をするのが好きですか。

_____

41

17 不定詞の副詞的用法・形容詞的用法

チャート式シリーズ参考書 >>
第7章 68 ～ 71

チェック

空欄をうめて，例文を完成させましょう。

【「～するために」「～しに」（目的）】

① 彼は日本語を勉強するために日本に来ました。

He came to Japan ＿＿＿＿＿ ＿＿＿＿＿ Japanese.

【glad to ～「～してうれしい」（感情の原因・理由）】

② 私はまたあなたに会えてうれしいです。

I'm ＿＿＿＿＿ ＿＿＿＿＿ ＿＿＿＿＿ you again.

【「～するための」「～すべき」】

③ 私は読むべき本を何冊か持っています。

I have some books ＿＿＿＿＿ ＿＿＿＿＿.

【something to ～「何か～するもの」】

④ 私に何か飲むものをください。

Please give me ＿＿＿＿＿ ＿＿＿＿＿ ＿＿＿＿＿.

> **ポイント**
>
> **不定詞の副詞的用法**
> 動詞を修飾して，「～するために」という動作の目的を表す。
>
> **感情の原因・理由を表す不定詞**
> gladなどの感情を表す形容詞のあとに不定詞がきて，原因を表す。
>
> **不定詞の形容詞的用法**
> 名詞を後ろから修飾し，「～するための」「～すべき」という意味。
>
> **something＋不定詞**
> something to ～で「何か～するもの［こと］」という意味。疑問文や否定文ではanythingを使う。

トライ

解答 ➡ 別冊p.9

1 日本文に合うように，＿＿＿＿＿ に適する語を書きなさい。

(1) 彼女は英語を勉強するためにロンドンに行きました。

She went to London ＿＿＿＿＿ ＿＿＿＿＿ English.

(2) またお会いできて光栄です。

It is nice ＿＿＿＿＿ ＿＿＿＿＿ you again.

(3) 彼には見るべきテレビ番組があります。

He has a TV program ＿＿＿＿＿ ＿＿＿＿＿.

(4) 何かお飲み物はいかがですか。

Would you like ＿＿＿＿＿ ＿＿＿＿＿ ＿＿＿＿＿?

(5) もう家に帰る時間ですよ。

It's ＿＿＿＿＿ ＿＿＿＿＿ ＿＿＿＿＿ home.

> (3) 名詞を後ろから修飾する不定詞になるね。

チェックの解答 ① to, study　② glad, to, see[meet]　③ to, read　④ something, to, drink

2 ( ) 内の指示に従って，次の英文を書きなさい。

(1) She has something to eat. （疑問文に）

_____

(2) Jane was sad. （「そのニュースを聞いて」という理由を加えて）

_____

(3) Jack has something to do at home. （否定文に）

_____

(4) You and I have <u>something</u>.（下線部に「読むべき」を加えて）

_____

3 正しい英文になるように，[ ] 内の語句を並べかえなさい。

(1) [to / you / like / cold / Would / something / drink]?

_____

(2) [some / went / the / They / to / paintings / museum / see / to].

_____

(3) [went / She / to / hospital / to / see / grandmother / the / her].

_____

　チャレンジ ・・ 解答 ➡ 別冊p.9

英文を日本語に，日本文を英語になおしなさい。

(1) He has some friends to talk with.

_____

(2) They have a place to visit this summer.

_____

(3) She was happy to get an e-mail from an old friend.

_____

(4) 昨夜，彼らは何もすることがありませんでした。

_____

(5) どうして空港に行ったのですか。 —— おばを見送るためです。 *〜を見送る：see 〜 off

_____

(6) 私はTシャツを買うためにショッピングモールへ行きました。

_____

18 いろいろな不定詞 / 動名詞

チェック

空欄をうめて，例文を完成させましょう。

【how to ～「～のしかた」「～する方法」】

① 私はそのゲームの遊び方を知りません。

I don't know _____ _____ _____ the game.

【It is ... to ～.「～することは…です」】

② 英語を勉強することは大切です。

_____ _____ important _____ _____ English.

【want＋人＋to ～「（人）に～してもらいたい」】

③ 私はサヤカ（Sayaka）にピアノを弾いてもらいたいです。

I _____ _____ _____ _____ the piano.

【enjoy ～ing「～することを楽しむ」】

④ 私は彼女と話して楽しかったです。

I _____ _____ with her.

【be good at ～ing「～するのが得意だ」】

⑤ 私はピアノを弾くのが得意です。

_____ _____ _____ _____ the piano.

【How about ～ing?「～するのはどうですか」】

⑥ 彼女に電話をするのはどうですか。

_____ _____ _____ her?

【～ing is fun.「～するのは楽しいです」】

⑦ 写真を撮るのはとても楽しいです。

_____ _____ is a lot of fun.

ポイント

how to ～の意味
〈how to+動詞の原形〉は「どのように～したらよいか」の意味を表す。

形式的な主語 it
〈It is ... to ～.〉で使われているitは形式的な主語で，本当の主語はto ～である。

「に～してもらいたい」の表現
「（人）に～してもらいたい」と表現したいときは，〈want＋人＋to＋動詞の原形〉で表す。

「～すること」の意味のing形
動詞のing形で「～すること」を意味する。このときのing形を動名詞という。

前置詞のあとにくる動名詞
動名詞は名詞と同じ働きをするので，前置詞のあとにもくる。

動名詞を使って提案する表現
How about ～ ing? で，「～するのはどうですか」と相手に提案したり，誘ったりする表現になる。

主語や補語になる動名詞
動名詞は名詞と同じように，主語や補語として使うことができる。

トライ

解答 ➡ 別冊p.9

1 日本文に合うように，_____ に適する語を書きなさい。

(1) 早く寝ることはよいことです。

_____ _____ good _____ _____ to bed early.

チェックの解答 ① how, to, play ② It, is, to, study ③ want, Sayaka, to, play ④ enjoyed, talking
⑤ I'm, good, at, playing ⑥ How, about, calling ⑦ Taking, pictures

(2) その本を読み終えましたか。

Did you ＿＿＿＿＿ ＿＿＿＿＿ the book?

(3) 彼は私にテニスのしかたを教えてくれました。

He showed me ＿＿＿＿＿ ＿＿＿＿＿ ＿＿＿＿＿ tennis.

(4) いい写真を撮るのは難しいです。

＿＿＿＿＿ ＿＿＿＿＿ hard ＿＿＿＿＿ take a good picture.

(5) 母は私に早く家に帰ってきてほしいと思っています。

My mother ＿＿＿＿＿ ＿＿＿＿＿ ＿＿＿＿＿ come home early.

(6) 私はいつ会議を始めたらよいか決められません。

I can't decide ＿＿＿＿＿ ＿＿＿＿＿ ＿＿＿＿＿ the meeting.

> (6) how to ～と同様に，〈疑問詞 + to ～〉という表現もできるよ。

2 正しい英文になるように，[　　　]内の語句を並べかえなさい。

(1) [Emi / at / playing / Is / good / handball]?

＿＿＿＿＿＿＿＿＿＿＿＿＿＿＿＿＿＿＿＿＿＿＿＿＿＿＿＿＿

(2) [you / Do / wash / want / to / me / the / dishes]?

＿＿＿＿＿＿＿＿＿＿＿＿＿＿＿＿＿＿＿＿＿＿＿＿＿＿＿＿＿

(3) [walking / about / the / the / park / to / dog / How]?

＿＿＿＿＿＿＿＿＿＿＿＿＿＿＿＿＿＿＿＿＿＿＿＿＿＿＿＿＿

チャレンジ ・・・・・・・・・・・・・・・・・・・・・・・・・・・・・・・・・・・ 解答 ➡ 別冊p.9

英文を日本語に，日本文を英語になおしなさい。

(1) The teacher told us to be quiet during class.

＿＿＿＿＿＿＿＿＿＿＿＿＿＿＿＿＿＿＿＿＿＿＿＿＿＿＿＿＿

(2) Thank you for inviting me for the festival.

＿＿＿＿＿＿＿＿＿＿＿＿＿＿＿＿＿＿＿＿＿＿＿＿＿＿＿＿＿

(3) How about playing table tennis in the gym?

＿＿＿＿＿＿＿＿＿＿＿＿＿＿＿＿＿＿＿＿＿＿＿＿＿＿＿＿＿

(4) 彼は私にその窓を閉めないようにと言いました。

＿＿＿＿＿＿＿＿＿＿＿＿＿＿＿＿＿＿＿＿＿＿＿＿＿＿＿＿＿

(5) この宿題をするのは簡単ではありません。　（It is で始めて）

＿＿＿＿＿＿＿＿＿＿＿＿＿＿＿＿＿＿＿＿＿＿＿＿＿＿＿＿＿

(6) やるべきことを私に教えてもらえますか。

＿＿＿＿＿＿＿＿＿＿＿＿＿＿＿＿＿＿＿＿＿＿＿＿＿＿＿＿＿

19 比較級と最上級

🗨 チェック

空欄をうめて，例文を完成させましょう。

【比較級（～er）＋than ...「…よりも～だ」】

① 私の弟は父よりも背が高いです。

My little brother is ＿＿＿＿ ＿＿＿＿ my father.

【最上級（～est）「いちばん[最も]～だ」】

② アンは3人の中でいちばん若い[年下]です。

Ann is ＿＿＿＿ ＿＿＿＿ ＿＿＿＿ the three.

【moreを使う比較級「…よりも～だ」】

③ 漢字はひらがなより難しいです。

Kanji is ＿＿＿＿ ＿＿＿＿ ＿＿＿＿ hiragana.

【mostを使う最上級「いちばん[最も]～だ」】

④ 秋は，すべて（の季節）の中でいちばん美しい季節です。

Fall is ＿＿＿＿ ＿＿＿＿ ＿＿＿＿ season ＿＿＿＿ all.

【疑問詞で始まる文「どちらがより～ですか」】

⑤ 日本とニュージーランドではどちらが小さいですか。

―― ニュージーランドです。

＿＿＿＿ ＿＿＿＿ ＿＿＿＿, Japan ＿＿＿＿ New Zealand?

―― New Zealand is.

【better「よりよい」】

⑥ あなたのアイデアは私のよりもいいです。

Your idea is ＿＿＿＿ ＿＿＿＿ mine.

【like ～ better「～がより好きだ」】

⑦ 私は青よりも赤が好きです。

I ＿＿＿＿ red ＿＿＿＿ than blue.

ポイント

2つのものを比較する表現
形容詞や副詞にerをつけて比較級で表す。比べる相手を示すときはthanを使う。

「いちばん～だ」と伝える表現
〈the＋最上級〉の形で表す。最上級は形容詞や副詞にestをつける。「～の中で」は〈of＋複数を表す語句〉または〈in＋場所・範囲を表す語句〉で表す。

moreを使う比較級
長いつづりの語は前にmoreを置いて比較級にする。

mostを使う最上級
長いつづりの語は前にmostを置いて最上級にする。この場合も前にtheをつける。

疑問詞つきの疑問文
2つの比較をたずねるときは，〈Which[Who] is＋比較級, A or B?〉の形を使う。3つ以上の中で「どれ[だれ]がいちばん～ですか」とたずねるときは〈Which[Who] is the＋最上級?〉の形を使う。

good/wellの比較級・最上級
比較級はbetter，最上級はbestと不規則に変化する。

「より好き」と「いちばん好き」
「～のほうが好きだ」「～がいちばん好きだ」というときは，比較級／最上級のbetter／bestを使う。

🗨 トライ

解答 ➡ 別冊p.9

1 日本文に合うように，＿＿＿＿ に適する語を書きなさい。

(1) 私のネコはあなたのネコより大きいです。

My cat is ＿＿＿＿ ＿＿＿＿ yours.

チェックの解答 ① taller, than ② the, youngest, of ③ more, difficult, than ④ the, most, beautiful, of ⑤ Which, is, smaller, or ⑥ better, than ⑦ like, better

(2) 日本はオーストラリアより小さいです。

Japan is ＿＿＿＿ ＿＿＿＿ Australia.

(3) このバッグは4つの中でいちばん大きいです。

This bag is ＿＿＿＿ ＿＿＿＿ ＿＿＿＿ the four.

(4) あの花はこの花よりも美しいです。

That flower is ＿＿＿＿ ＿＿＿＿ ＿＿＿＿ this one.

(5) この本は5冊の中で最もおもしろいです。

This book is ＿＿＿＿ ＿＿＿＿ ＿＿＿＿ ＿＿＿＿ the five.

er や est のつけ方に注意が必要な語もあるよ。

2 正しい英文になるように, [　　] 内の語句を並べかえなさい。

(1) [tallest / is / us / student / the / of / He / all].

＿＿＿＿＿＿＿＿＿＿＿＿＿＿＿＿＿＿＿＿＿＿＿＿＿＿＿＿＿

(2) [than fall / better / spring / likes / He].

＿＿＿＿＿＿＿＿＿＿＿＿＿＿＿＿＿＿＿＿＿＿＿＿＿＿＿＿＿

(3) [is / than / painting / better / mine / Her].

＿＿＿＿＿＿＿＿＿＿＿＿＿＿＿＿＿＿＿＿＿＿＿＿＿＿＿＿＿

チャレンジ ・・・ 解答 ➡ 別冊p.10

英文を日本語に, 日本文を英語になおしなさい。

(1) Which is bigger, Japan or Italy?

＿＿＿＿＿＿＿＿＿＿＿＿＿＿＿＿＿＿＿＿＿＿＿＿＿＿＿＿＿

(2) Is your cat bigger than mine?

＿＿＿＿＿＿＿＿＿＿＿＿＿＿＿＿＿＿＿＿＿＿＿＿＿＿＿＿＿

(3) Her brother is the oldest of us all.

＿＿＿＿＿＿＿＿＿＿＿＿＿＿＿＿＿＿＿＿＿＿＿＿＿＿＿＿＿

(4) この俳優はあの俳優よりも有名です。

＿＿＿＿＿＿＿＿＿＿＿＿＿＿＿＿＿＿＿＿＿＿＿＿＿＿＿＿＿

(5) あの宿題はすべての中で最も重要です。

＿＿＿＿＿＿＿＿＿＿＿＿＿＿＿＿＿＿＿＿＿＿＿＿＿＿＿＿＿

(6) あなたはどの国がいちばん好きですか。

＿＿＿＿＿＿＿＿＿＿＿＿＿＿＿＿＿＿＿＿＿＿＿＿＿＿＿＿＿

47

㉑ as ～ as ...

🖐 チェック

空欄をうめて，例文を完成させましょう。

【as ～ as ...「…と同じくらい～だ」】

① イヌはネコと同じくらいかわいいです。

Dogs are ＿＿＿＿ ＿＿＿＿ ＿＿＿＿ cats.

【not as ～ as ...「…ほど～ではない」】

② 大阪は東京ほど大きくありません。

Osaka is ＿＿＿＿ ＿＿＿＿ ＿＿＿＿ ＿＿＿＿ Tokyo.

ポイント

程度が同じことを伝える表現
2つのものの程度が同じであることは，〈as ～ as ...〉の形で表す。「～」には形容詞や副詞の原級がくる。

as ～ as ... の否定の形
〈not as ～ as ...〉となり「…ほど～でない」という意味になる。

🖐 トライ

解答 ➡ 別冊p.10

1 日本文に合うように，＿＿＿＿ に適する語を書きなさい。

(1) この車はあの車と同じくらいの大きさです。

This car is ＿＿＿＿ ＿＿＿＿ ＿＿＿＿ that one.

(2) ジョンはケンほど背が高くはありません。

John is ＿＿＿＿ ＿＿＿＿ ＿＿＿＿ ＿＿＿＿ Ken.

(3) 私の父はあなたのお父さんと同じくらい忙しいです。

My father is ＿＿＿＿ ＿＿＿＿ ＿＿＿＿ yours.

(4) 日本は韓国ほど小さくありません。

Japan is ＿＿＿＿ ＿＿＿＿ ＿＿＿＿ ＿＿＿＿ South Korea.

(5) このケーキはあのケーキと同じくらいおいしいです。

This cake is ＿＿＿＿ ＿＿＿＿ ＿＿＿＿ that one.

(6) エイジはケンジと同じくらい速く走ります。

Eiji runs ＿＿＿＿ ＿＿＿＿ ＿＿＿＿ Kenji.

(7) この本はあの本ほどおもしろくありませんでした。

This book ＿＿＿＿ ＿＿＿＿ ＿＿＿＿ ＿＿＿＿ that one.

(7) 空欄に合うように短縮形を使ってね。

(8) 彼女は彼女のお母さんと同じくらい一生懸命働きました。

She worked ＿＿＿＿ ＿＿＿＿ ＿＿＿＿ her mother.

チェックの解答 ① as, cute, as ② not, as, big〔large〕, as

2 ( )内の指示に従って，次の英文を書きなさい。

(1) This question is easy. (「あの問題と同じくらい」をつけ足して)

_____

(2) This video game is not exciting. (「あのテレビゲームほどは」をつけ足して)

_____

(3) Science is interesting. (「数学と同じくらい」をつけ足して)

_____

(4) This problem is not as difficult as that one. (easierを使って同じ内容の文に)

_____

3 正しい英文になるように，[ ]内の語句を並べかえなさい。

(1) [hot / as / not / as / is / Hokkaido / Osaka].

_____

(2) [as / milk / milk / that / is / not / This / cold / as].

_____

(3) [as / My / music teacher / the guitar / sister / the / plays / well / as].

_____

チャレンジ .... (解答 ➡ 別冊p.10)

英文を日本語に，日本文を英語になおしなさい。

(1) That book is as difficult as this one.

_____

(2) Is your sister as active as your brother?

_____

(3) This actor is not as popular as that actress.

_____

(4) エマ(Emma)はアンナ(Anna)ほど速く走れません。

_____

(5) 私は，父と同じくらい早く家を出ました。

_____

(6) 彼は彼の兄ほどうまくテニスはできませんでした。

_____

1 次の形容詞, 副詞の比較級, 最上級を ＿＿＿＿＿ に書きなさい。

	比較級	最上級
(1) large	＿＿＿＿＿＿	＿＿＿＿＿＿
(2) popular	＿＿＿＿＿＿	＿＿＿＿＿＿
(3) early	＿＿＿＿＿＿	＿＿＿＿＿＿
(4) good	＿＿＿＿＿＿	＿＿＿＿＿＿

2 次の日本文の意味に合うように, ＿＿＿＿＿ に適する語を入れなさい。

(1) 彼女はダンサーになりたかったです。

She ＿＿＿＿ ＿＿＿＿ ＿＿＿＿ a dancer.

(2) 彼らの希望は富士山に登ることです。

Their hope is ＿＿＿＿ ＿＿＿＿ Mt. Fuji.

(3) 朝食にトーストが食べたいのですが。　（ていねいな表現で）

＿＿＿＿ ＿＿＿＿ ＿＿＿＿ have some toast for breakfast.

(4) この問題はあの問題より簡単です。

This problem is ＿＿＿＿ ＿＿＿＿ that one.

(5) そのメロンは5つの中でいちばん大きいです。

The melon is ＿＿＿＿ ＿＿＿＿ ＿＿＿＿ the five.

3 次の対話文が成立するように, （　　　）内の指示に従って英文を完成させなさい。

(1) A : Do you know ＿＿＿＿＿＿＿＿＿ this tool?　（使い方を問う文に）

B : Yes I do.　It's very easy.

(2) A : ＿＿＿＿＿＿＿＿＿, you or Kazuya?　（「どちらが年下か」と問う文に）

B : Kazuya is.

(3) A : Are you ＿＿＿＿＿＿＿＿＿ taking pictures?　（「得意ですか」と問う文に）

B : Yes. I'm in the photo club.

(4) A : ＿＿＿＿＿＿＿＿＿ soccer?　（相手に「一緒にやろう」と提案する文に）

B : Good idea.

(5) A : Which sport do you like the best?　（「ラグビーがいちばん好き」と答えて）

B : ＿＿＿＿＿＿＿＿＿＿＿ .

4 次の英文を日本語になおしなさい。

(1) Which subject do you like the best of all the subjects?

_____

(2) It is important for you to attend the meeting.　　　　＊attend：出席する

_____

(3) New York isn't as safe as Tokyo.

_____

(4) Would you like something hot to drink?

_____

(5) Do you know how to learn programming?

_____

5 正しい英文になるように，[　　　]内の語句を並べかえなさい。ただし，使わない語がひとつ
あります。

(1) [me / My / by / the / clean / father / to / room / wants].

_____

(2) [is / to / math / It / who / study / hard / necessary].

_____

(3) [How / to / dinner / inviting / was / your / about / friends]?

_____

(4) [on / me / a / trip / Going / is / lot / fun / a / of].

_____

6 次の日本文を英語になおしなさい。

(1) 健康はお金より重要です。　　　　　　　　　　　　　　　　　　＊健康：health

_____

(2) このマンガはあのマンガと同じくらいおもしろいです。

_____

(3) 彼女は彼に何と言ってあげたらいいかわかりませんでした。

_____

(4) 父は私に夜更かしをやめてほしいと思っています。

_____

21 受け身の形と意味 / 受け身の疑問文・否定文

チャート式シリーズ参考書 >> 第9章 88 〜 94

チェック

空欄をうめて，例文を完成させましょう。

 ポイント

【am[is, are] ＋過去分詞「〜される」「〜されている」】

① その本は多くの国で出版されています。

The book ＿＿＿＿ ＿＿＿＿ in many countries.

【be動詞＋過去分詞＋by ...「…によって〜される」】

② 彼の歌は若い人たちに愛されています。

His songs ＿＿＿＿ ＿＿＿＿ ＿＿＿＿ young people.

【was[were] ＋過去分詞「〜された」「〜されていた」】

③ あの絵は14世紀に描かれました。

That picture ＿＿＿＿ ＿＿＿＿ in the 14th century.

【will be ＋過去分詞「〜されるだろう」】

④ あのレストランは9時に閉店する[閉められる]でしょう。

That restaurant ＿＿＿＿ ＿＿＿＿ ＿＿＿＿ at nine.

【be動詞＋主語＋過去分詞 〜?「〜されますか」「〜されていますか」】

⑤ あなたの国ではスペイン語が話されていますか。

—— はい，話されています。/ いいえ，話されていません。

＿＿＿＿ Spanish ＿＿＿＿ in your country?

—— Yes, it ＿＿＿＿. / No, it ＿＿＿＿.

【When / Whereなど＋be動詞＋主語＋過去分詞 〜?】

⑥ この写真はいつ撮られましたか。

—— 10年前に撮られました。

＿＿＿＿ ＿＿＿＿ this photo ＿＿＿＿?

—— It was taken ten years ago.

【be動詞＋ not ＋過去分詞「〜されない」「〜されていない」】

⑦ あの店では卵は売られていません。

Eggs ＿＿＿＿ ＿＿＿＿ at that store.

ポイント

受け身の文の形と意味
受け身[受動態]とは「〜される」「〜されている」の意味を表す文で，〈be動詞＋過去分詞〉で表す。be動詞は，現在の文ならam[is, are]を使う。

受け身の文で使われるby
「だれによって〜されるのか」を言いたいときは，〈be動詞＋過去分詞〉のあとにbyを置く。

過去を表す受け身の文
「〜された」「〜されていた」と過去のことを表す受け身の文は，be動詞を過去形にして，〈was[were] ＋過去分詞〉となる。

未来を表す受け身の文
「〜されるだろう」「〜される予定だ」と未来のことを表す受け身の文は，〈will be ＋過去分詞〉または〈be going to be ＋過去分詞〉となる。

受け身の疑問文
be動詞を主語の前に出し，〈be動詞＋主語＋過去分詞 〜?〉の形になる。

疑問詞を使う疑問文
疑問詞を文頭に置き，そのあとに受け身の疑問文を続ける。

受け身の否定文
be動詞のあとにnotを置き，〈be動詞＋ not ＋過去分詞〉の形になる。

チェックの解答 ① is, published ② are, loved, by ③ was, painted[drawn] ④ will, be, closed
⑤ Is, spoken, is, isn't ⑥ When, was, taken ⑦ aren't, sold

トライ

1 日本文に合うように，_____ に適する語を書きなさい。

(1) 英語は世界中で話されています。

English _____ _____ all over the world.

(2) サッカーは多くの人にプレーされています。

Soccer _____ _____ _____ a lot of people.

(3) この野球場は19世紀に建てられました。

This baseball stadium _____ _____ in the 19th century.

(4) 米はあなたの国で食べられていますか。 —— いいえ，食べられていません。

_____ rice _____ in your country? —— No, it _____ .

2 次の英文を，受け身の文に書きかえなさい。

(1) He uses the computer.

_____

(2) Many people visited this country.

_____

(3) Do they open the convenience store at six?

_____

チャレンジ

英文を日本語に，日本文を英語になおしなさい。

(1) Was lunch made by your father?

_____

(2) A new hospital is going to be built near the school.

_____

(3) Where is this T-shirt sold?

_____

(4) この小説はいつ書かれたのですか。

_____

(5) この魚は私の父によって捕まえられたのではありません。

_____

(6) それらの手紙は中国語で書かれています。

_____

22 注意すべき受け身

✍ チェック

空欄をうめて，例文を完成させましょう。

【目的語が2つある文（SVOO）の受け身】

① 私は両親からチャンスを与えられました。

I ＿＿＿＿ ＿＿＿＿ a chance by my parents.

A chance ＿＿＿＿ ＿＿＿＿ (to) me by my parents.

【「～を…と呼ぶ」などの文（SVOC）の受け身】

② 彼はファンからプリンスと呼ばれています。

He ＿＿＿＿ ＿＿＿＿ Prince by his fans.

【by以外の前置詞があとに続く受け身】

③ 私は日本の文化に興味があります。

I ＿＿＿＿ ＿＿＿＿ ＿＿＿＿ Japanese culture.

> **ポイント**
>
> **SVOOの文の受け身**
> それぞれの目的語（O）を主語にして2通りの受け身の文が作れる。
>
> **SVOCの文の受け身**
> 目的語を主語にして補語（C）は〈be動詞＋過去分詞〉のあとに置く。
>
> **by以外の前置詞が続く場合**
> 日本語にすると受け身の意味にならないことも多いので注意。

✍ トライ

解答 ➡ 別冊p.11

1 日本文に合うように，＿＿＿＿ に適する語を書きなさい。

(1) 私はその話を友達から伝えられました。

I ＿＿＿＿ ＿＿＿＿ the story by my friend.

(2) そのパンダはレンと名づけられました。

The panda ＿＿＿＿ ＿＿＿＿ Ren.

(3) 私の妹はその知らせに驚きました。

My sister ＿＿＿＿ ＿＿＿＿ ＿＿＿＿ the news.

(4) エマは彼女たちにキャプテンにさせられました。

Emma ＿＿＿＿ ＿＿＿＿ the captain by them.

(5) 先生は彼女の成功を喜んでいます。

The teacher ＿＿＿＿ ＿＿＿＿ with her success.

(6) 私は新潟で生まれました。

I ＿＿＿＿ ＿＿＿＿ in Niigata.

> (4) SVOCの文はCを主語にした受け身の文は作れないよ。

チェックの解答 ① was, given, was, given ② is, called ③ am, interested, in

2 次の英文を，受け身の文に書きかえなさい。

(1) Every student in the class knows Jane.

_____

(2) The grandparents named the baby Ken.

_____

(3) Mr. Sato teaches us science. （scienceを主語にして）

_____

(4) My brother gave me his old watch. （Iを主語にして）

_____

3 正しい英文になるように，[   ]内の語句を並べかえなさい。

(1) [video game / new / about / were / the / The boys / excited].

_____

(2) [is / with / mountain / covered / The / snow / heavy].

_____

(3) [to / Was / given / you / this bag / by] your mother?

_____

チャレンジ ·· 解答 ➡ 別冊p.11

英文を日本語に，日本文を英語になおしなさい。

(1) My grandmother was very pleased with the test result.

_____

(2) The room is filled with plenty of students.   *plenty of：多くの

_____

(3) Butter is made from milk.

_____

(4) その机は私の父によって弟のために作られました。

_____

(5) その寺は木でできています。   *寺：temple

_____

(6) このイヌはポチ（Pochi）と呼ばれています。

_____

23 「完了」を表す現在完了

チャート式シリーズ参考書 ≫
第10章 98 〜 101

チェック

空欄をうめて，例文を完成させましょう。

【have just＋過去分詞「ちょうど〜したところだ」】

① 私はちょうど朝ご飯を食べたところです。

I ＿＿＿＿＿ ＿＿＿＿＿ ＿＿＿＿＿ breakfast.

【have already＋過去分詞「すでに〜してしまった」】

② 私はすでに部屋を掃除してしまいました。

＿＿＿＿＿ ＿＿＿＿＿ ＿＿＿＿＿ my room.

【Have＋主語＋過去分詞 〜 yet?「もう〜してしまいましたか」】

③ タクシーはもう到着しましたか。

―― はい，到着しました。/ いいえ，到着していません。

＿＿＿＿＿ the taxi ＿＿＿＿＿ ＿＿＿＿＿?

―― Yes, it ＿＿＿＿＿. / No, it ＿＿＿＿＿.

【have not＋過去分詞 〜 yet「まだ〜していない」】

④ 私はまだ彼のプレゼントを開けていません。

I ＿＿＿＿＿ ＿＿＿＿＿ his present ＿＿＿＿＿.

ポイント

現在完了の形と「完了」

〈have[has]＋過去分詞〉で表し，haveのあとにjustを置き「ちょうど〜したところだ」の意味。I haveの短縮形はI'veとなる。

alreadyを伴う「完了」

〈have[has] already＋過去分詞〉は「すでに〜してしまった」「もう〜してしまった」の意味。

「完了」の用法の疑問文

have[has]を主語の前に出し，文末にyetを置く。

「完了」の用法の否定文

have [has] のあとにnotを置き，文末にyetを置くと「まだ〜していない」の意味になる。have not / has notの短縮形はhaven't / hasn'tとなる。

トライ

解答 ➡ 別冊p.11

1 日本文に合うように，＿＿＿＿ に適する語を書きなさい。

(1) 彼はちょうど宿題を終えたところです。

He ＿＿＿＿＿ ＿＿＿＿＿ ＿＿＿＿＿ his homework.

(2) 彼女はその映画をすでに見てしまいました。

She ＿＿＿＿＿ ＿＿＿＿＿ ＿＿＿＿＿ the movie.

(3) あなたのご両親はもうハワイに行ってしまいましたか。

―― はい，行きました。/ いいえ，行っていません。

＿＿＿＿＿ your parents ＿＿＿＿＿ to Hawaii ＿＿＿＿＿?

―― Yes, they ＿＿＿＿＿. / No, they ＿＿＿＿＿.

(4) 私はまだ自分のブログを書いていません。

I ＿＿＿＿＿ ＿＿＿＿＿ my blog ＿＿＿＿＿.

(5) 飛行機はすでに離陸してしまいました。

The plane ＿＿＿＿＿ ＿＿＿＿＿ taken off.

(3)と(4)は文末に同じ副詞が入るね。

チェックの解答 ① have, just, eaten [had] ② I've, already, cleaned ③ Has, arrived, yet, has, hasn't
④ haven't, opened, yet

2 次の英文を, （　　　）内の指示に従って現在完了の文に書きかえなさい。

(1) Kenji came home. （justを使った文に）

_____

(2) My sister had dinner. （alreadyを使った文に）

_____

(3) Did you walk the dog to the shrine? （yetを使った文に）　　*shrine：神社

_____

(4) I didn't go shopping. （yetを使った文に）

_____

3 正しい英文になるように, [　　　]内の語句を並べかえなさい。

(1) [has / The / game / started / already].

_____

(2) [the / has / done / She / just / laundry].　　*laundry：洗濯

_____

(3) [newspaper / mother / read / yet / My / the / hasn't].

_____

チャレンジ ·· 解答 ➡ 別冊p.12

英文を日本語に, 日本文を英語になおしなさい。

(1) They haven't opened the big box yet.

_____

(2) Have you read the comic book yet?

_____

(3) My father has just gone fishing to Lake Biwa.　　*Lake Biwa：琵琶湖

_____

(4) あなたのお父さんはもう仕事から家に帰ってきましたか。　　*仕事から：from work

_____

(5) 私はまだ1枚もクッキーを食べていません。

_____

(6) 彼はすでに彼の車を洗ってしまいました。

_____

24 「経験」を表す現在完了

✎ チェック

空欄（くうらん）をうめて，例文を完成させましょう。

【have＋過去分詞「～したことがある」】

① 私はその映画を3回見たことがあります。

I ＿＿＿＿ ＿＿＿＿ the movie ＿＿＿＿ ＿＿＿＿.

【have been to ～「～へ行ったことがある」】

② 私は以前にあのレストランへ行ったことがあります。

I ＿＿＿＿ ＿＿＿＿ ＿＿＿＿ that restaurant before.

【Have＋主語＋ever＋過去分詞 ～?「今までに～したことがありますか」】

③ あなたは今までにこのゲームをしたことがありますか。

―― はい，あります。/ いいえ，ありません。

＿＿＿＿ you ＿＿＿＿ ＿＿＿＿ this game?

―― Yes, I ＿＿＿＿. / No, I ＿＿＿＿.

【How many times ～?「何度～したことがありますか」】

④ あなたはそこへ何回行ったことがありますか。

―― 1回だけです。

＿＿＿＿ ＿＿＿＿ ＿＿＿＿ have you been there?

―― Only ＿＿＿＿.

【have never＋過去分詞「一度も～したことがない」】

⑤ 私は一度も彼と話したことがありません。

I ＿＿＿＿ ＿＿＿＿ ＿＿＿＿ to him.

ポイント

現在完了の「経験」

〈have[has]＋過去分詞〉の形で「(今までに)～したことがある」という「経験」の意味を表す。回数・頻度（ひんど）などを表す語句が用いられることが多い。

「行ったことがある」の表現

「(今までに)～へ行ったことがある」は〈have[has] been to ～〉で表す。

「経験」の用法の疑問文

「今までに～したことがあるか」とたずねるときは〈Have[Has]＋主語＋ever＋過去分詞 ～?〉とする。

回数をたずねる疑問文

「何回，何度」とたずねるときは How many times か How often で疑問文を始める。

「経験」の用法の否定文

〈have[has] not＋過去分詞〉でもよいが，「一度も～ない」という意味のneverを用いて〈have[has] never＋過去分詞〉の形がよく使われる。

✎ トライ

解答 ➡ 別冊p.12

1 日本文に合うように，＿＿＿＿ に適する語を書きなさい。

(1) 私は彼女に2回会ったことがあります。

I ＿＿＿＿ ＿＿＿＿ her ＿＿＿＿.

(2) 私たちは以前にその遊園地に行ったことがあります。

We ＿＿＿＿ ＿＿＿＿ ＿＿＿＿ the amusement park before.

(3) 彼は一度もワニを見たことがありません。

He ＿＿＿＿ ＿＿＿＿ ＿＿＿＿ a crocodile.

(2)「行ったことがあります」といっても go は使わないよ。

チェックの解答 ① have, seen[watched], three, times　② have, been, to　③ Have, ever, played, have, haven't　④ How, many, times, once　⑤ have, never, talked

2 次の英文を，（　　　）内の指示に従って現在完了の文に書きかえなさい。

(1) Do you go abroad?　（ever を使った文に）

_____

(2) She has been to Tokyo Dome three times.　（下線部を問う文に）

_____

(3) Did you play the guitar?　（ever を使った文に）

_____

(4) I didn't climb Mt. Fuji.　（never を使った文に）

_____

3 正しい英文になるように，〔　　　〕内の語句を並べかえなさい。

(1) 〔 have / talked / often / you / him / to / How 〕?

_____

(2) 〔 My / has / Osaka / friend / visited / twice 〕.

_____

(3) 〔 been / times / you / have / to / many / Nara / How 〕?

_____

💬 チャレンジ ･･･ 解答 ➡ 別冊 p.12

英文を日本語に，日本文を英語になおしなさい。

(1) Have you ever written a letter in Chinese?

_____

(2) I have eaten Italian food at the restaurant.

_____

(3) How many times have you stayed at that hotel?

_____

(4) 私は以前，ポール（Paul）に英語でメールを送ったことがあります。

_____

(5) 彼女は彼女の父と何度もゴルフをしたことがあります。

_____

(6) 姉は郵便局へ行ってしまいました。

_____

25 「継続」を表す現在完了 / 現在完了進行形

チャート式シリーズ参考書 >>
第10章 107 ～ 111

✎ チェック

空欄（くうらん）をうめて，例文を完成させましょう。

【have＋過去分詞「(ずっと)～している」】

① 私は10年間(ずっと)ここに住んでいます。

I ＿＿＿＿＿ ＿＿＿＿＿ here ＿＿＿＿＿ ten years.

【Have＋主語＋過去分詞 ～?「(ずっと)～していますか」】

② 彼女はそのときからずっと忙（いそが）しいのですか。

—— はい，忙しいです。/ いいえ，忙しくありません。

＿＿＿＿＿ she ＿＿＿＿＿ busy since then?

—— Yes, she ＿＿＿＿＿. / No, she ＿＿＿＿＿.

【How long ～?「どのくらい～していますか」】

③ あなたはどのくらい日本にいますか。

—— 1年間です。

＿＿＿＿＿ ＿＿＿＿＿ have you been in Japan?

—— ＿＿＿＿＿ a year.

【have not＋過去分詞「(ずっと)～していない」】

④ 私は長い間，彼に会っていません。

I ＿＿＿＿＿ ＿＿＿＿＿ him ＿＿＿＿＿ a long time.

【have been＋動詞のing形「(ずっと)～している」】

⑤ 昨夜から(ずっと)雨が降っています。

It ＿＿＿＿＿ ＿＿＿＿＿ ＿＿＿＿＿ since last night.

ポイント

現在完了の「継続」（けいぞく）
〈have[has]＋過去分詞〉の形で「(今までずっと)～している / ～である」という「継続」の意味を表す。

「継続」の用法の疑問文
「(ずっと)～していますか」とたずねるときは〈Have[Has]＋主語＋過去分詞 ～?〉とする。

期間をたずねる疑問文
「どのくらい(長く)」とたずねるときはHow longで疑問文を始める。答えるときは，for ～やsince ～を使う。

「継続」の用法の否定文
〈have[has] not ＋過去分詞〉で表す。

現在完了進行形
〈have[has] been＋動詞のing形〉で，動作が過去から現在までずっと継続していることを表す。

✎ トライ

解答 ➡ 別冊p.12

1 日本文に合うように，＿＿＿＿＿ に適する語を書きなさい。

(1) 私たちはこのホテルに3日間滞在（たいざい）しています。

We ＿＿＿＿＿ ＿＿＿＿＿ at this hotel ＿＿＿＿＿ three days.

(2) あなたは昨日からずっと病気なのですか。 —— はい，そうです。

＿＿＿＿＿ you ＿＿＿＿＿ sick ＿＿＿＿＿ yesterday? —— Yes, I ＿＿＿＿＿.

(3) 彼女は2週間，おやつを食べていません。

She ＿＿＿＿＿ ＿＿＿＿＿ a snack ＿＿＿＿＿ two weeks.

チェックの解答 ① have, lived, for ② Has, been, has, hasn't ③ How, long, For
④ haven't, seen[met], for ⑤ has, been, raining

2 次の英文を，（　　　）内の指示に従って現在完了の文に書きかえなさい。

(1) They are thirsty. （for an hourを加えて）

_____

(2) You have been playing the game <u>for three hours</u>. （下線部を問う文に）

_____

(3) She doesn't eat *natto*. （for a monthを加えて）

_____

(4) It is snowing heavily. （since last weekを加えて）

_____

3 正しい英文になるように，［　　　］内の語句を並べかえなさい。

(1) [school / absent / a / been / Jack / for / from / has / week].

_____

(2) [you / ten years / to / to / go / wanted / Hawaii / Have / for]?

_____

(3) [been / Have / twenty minutes / waiting / me / you / for / for]?

_____

チャレンジ ·· 解答 ➡ 別冊 p.13

英文を日本語に，日本文を英語になおしなさい。

(1) How long has your mother been cooking in the kitchen?

_____

(2) He has taught Jane Japanese for a year.

_____

(3) I have wanted to see you again for a long time.

_____

(4) どのくらいずっと雨が降っているのですか。 （現在完了進行形で）

_____

(5) 私のいとこは，彼女が10歳^{さい}の時からずっと京都に住んでいます。

_____

(6) 彼は長い間，サッカーをしていません。

_____

1 正しい英文になるように, [　　　]の中から適切なものを選びなさい。

(1) This dictionary is [uses / using / used] by our teacher.

(2) Spanish [speaks / is spoken / is speaking] in Mexico.

(3) A new hospital [has been built / builds / is building] near the river.

(4) She [has been reading / has been read / reads] comic books

for three hours.

(5) The bucket is filled [at / of / with] plenty of water.

2 次の日本文の意味に合うように, ＿＿＿＿ に適する語を入れなさい。

(1) 3日間ずっと暑いです。

It ＿＿＿＿ ＿＿＿＿ ＿＿＿＿ for three days.

(2) あなたは今までに北海道に行ったことはありますか。

＿＿＿＿ you ＿＿＿＿ ＿＿＿＿ to Hokkaido?

(3) この鍵はどこで見つけられたのですか。

＿＿＿＿ ＿＿＿＿ this key ＿＿＿＿?

(4) 祖父から私に古い腕時計が与えられました。

An old watch ＿＿＿＿ ＿＿＿＿ ＿＿＿＿ ＿＿＿＿

by my grandfather.

(5) そのかばんは学生のために作られました。

The bag ＿＿＿＿ ＿＿＿＿ ＿＿＿＿ students.

3 次の (A) 〜 (G) の中から, 正しい文を2つ選びなさい。

(A) A long letter was sent for me yesterday.

(B) How many times did you go to the amusement park before?

(C) They have been playing the game since two hours.

(D) English is taught for us by Mr. Smith.

(E) Has she gone to the bank yet?

(F) Pochi is called the dog by the family.

(G) Lake Biwa can be seen from there.

4 次の英文を日本語になおしなさい。

(1) How long have you known each other?

_____

(2) Was she surprised at the news?

_____

(3) My father has already left home for the station.

_____

(4) I have just cleaned the living room.

_____

(5) Is this song known to everybody?

_____

5 正しい英文になるように，[　　　]内の語句を並べかえなさい。ただし，使わない語がひとつあります。

(1) [was / Masa / Tokyo / born / 2001 / in / in / by].

_____

(2) [has / read / people / book / many / is / by / This].

_____

(3) [about / brother / excited / My / wasn't / the / didn't / story].

_____

(4) [ever / Have / France / to / gone / you / been]?

_____

6 次の日本文を英語になおしなさい。

(1) 1通の長いメールがちょうど友達から私あてに送られてきました。

_____

(2) 私たちは列車が来るのを1時間待っています。　（現在完了進行形で）

_____

(3) カナダではどんな言語が話されていますか。 ＊言語：language

_____

(4) ワインはブドウからできています。

_____

26 付加疑問・否定疑問文・感嘆文

チャート式シリーズ参考書 >>
第11章 112 ～ 115

チェック

空欄をうめて，例文を完成させましょう。

【肯定文＋付加疑問「～ですね」】

① あなたは疲れていますね。

You are tired, _____ _____?

【否定文＋付加疑問「～ではないですね」】

② それはあなたのではないですよね。

It isn't yours, _____ _____?

【否定形で始まる疑問文「～ではないのですか」】

③ あなたは疲れていないのですか。

── いいえ，疲れています。/ はい，疲れていません。

_____ you tired ?

── _____, I am. / _____, I'm not.

【What ～！/ How～！「なんと～でしょう」(感嘆文)】

④ なんと天気のいい日でしょう。

_____ a nice day it is!

⑤ 人生はなんとすばらしいのでしょう。

_____ wonderful life is!

ポイント

付加疑問とは

「～ですね」と相手に軽くたずねたり，念を押したりするために文の終わりにつける疑問形。肯定文には〈コンマ＋否定の短縮形＋主語?〉をつける。

否定文のあとにつく付加疑問

否定文につける付加疑問は，〈コンマ＋肯定形＋主語?〉の形になる。

否定疑問文とは

否定の意味を含む疑問文。〈否定の短縮形＋主語 ～?〉で表す。答えは，肯定の内容ならYes，否定ならNoを使う。

感嘆文とは

・〈What+(a[an])+形容詞+名詞+主語+動詞!〉で表す。
・〈How+形容詞[副詞]+主語+動詞!〉とも表せる。

トライ

解答 ➡ 別冊p.13

1 日本文に合うように，_____ に適する語を書きなさい。

(1) あなたは眠くないですね。

You aren't sleepy, _____ _____?

(2) あなたは英語を話しませんね。　── いいえ，話します。/ はい，話しません。

_____ you speak English ?

── _____, I do. / _____, I don't.

(3) これはなんと美しい花でしょう。

_____ a beautiful flower this is!

(4) この問題はなんと難しいのでしょう。

_____ _____ this problem is!

(2) 否定形で始まる疑問文は，肯定の内容ならYes，否定の内容ならNoで答えるんだよね。

チェックの解答 ① aren't, you ② is, it ③ Aren't, Yes, No ④ What ⑤ How

2 ( )内の指示に従って，次の英文を書きなさい。

(1) You keep a diary every day. （付加疑問に）

_____

(2) Your sister didn't go to the shrine. （付加疑問に）

_____

(3) They don't know how to bake cookies. （付加疑問に）

_____

(4) She likes to climb mountains. （否定疑問文に）

_____

(5) They are going to go bowling tomorrow. （否定疑問文に）

_____

(6) She works very hard every day. （感嘆文に）

_____

(7) This is a very friendly dog. （感嘆文に）

_____

チャレンジ ··· (解答 ➡ 別冊p.14)

英文を日本語に，日本文を英語になおしなさい。

(1) How clean your living room is!

_____

(2) What a useful machine it is!   *useful：役に立つ

_____

(3) You haven't been to Okinawa yet, have you?

_____

(4) あなたはなんと正直なのでしょう。

_____

(5) あなたは昨日あなたのネコと遊ばなかったのですか。

_____

(6) あなたのお父さんは教師ですね。

_____

27 名詞と冠詞

チェック

空欄をうめて，例文を完成させましょう。

【名詞の種類】

① 私は朝ご飯に牛乳とクッキーを食べました。

I had ＿＿＿＿＿ and ＿＿＿＿＿ for breakfast.

【数えられない名詞の数え方】

② カップ1杯のコーヒーがほしいのですが。

I'd like ＿＿＿＿＿ ＿＿＿＿＿ ＿＿＿＿＿ coffee.

【冠詞 a / anの使い方】

③ 私は1日に1時間，英語を勉強します。

I study English for ＿＿＿＿＿ hour ＿＿＿＿＿ day.

【冠詞 theの使い方】

④ 私はイヌとネコを飼っています。そのネコは黒いです。

I have a dog and a cat. ＿＿＿＿＿ cat is black.

> **ポイント**
>
> **名詞＝「人やものの名前」**
> 数えられる名詞はa / anがついたり，複数形になったりする。数えられない名詞はつねに単数として扱う。
>
> **形のないものの数え方**
> 入れ物などを単位として数える。
> ・a glass of ～「コップ1杯の～」
> ・a cup of ～「カップ1杯の～」
> ・a bottle of ～「びん1本の～」
> ・a piece of ～「1つの～，1切れの～」
>
> **名詞の前につけるa / an**
> 不特定の1つのものを指して，「1つの～，ある～」という意味を表す。
>
> **名詞の前につけるthe**
> 特定のものを指して，「その～」という意味を表す。

トライ

＜解答 ➡ 別冊p.14＞

1 日本文に合うように，適する語を書きなさい。

(1) 私は1個のリンゴとパンを食べました。

I ate ＿＿＿＿＿ ＿＿＿＿＿ and ＿＿＿＿＿.

(2) 彼女はカップ1杯のコーヒーを飲みました。

She drank ＿＿＿＿＿ ＿＿＿＿＿ ＿＿＿＿＿ coffee.

(3) 私たちは古いホテルに1週間泊まりました。

We stayed in ＿＿＿＿＿ old hotel for ＿＿＿＿＿ week.

(4) 父は車を買いました。その車は小さいです。

My father bought a car. ＿＿＿＿＿ car is small.

(5) ここから月を見ることができます。

You can see ＿＿＿＿＿ moon from here.

(6) オカダ先生はよく「時は金なり」と言います。

Mr. Okada often says," ＿＿＿＿＿ ＿＿＿＿＿ money."

> anは，母音で始まる単語の前につけるよ。

（チェックの解答）① milk, cookies ② a, cup, of ③ an, a ④ The

2 次の日本文の下線部を英語になおしなさい。

(1) そのドアを閉めないでください。

Please don't close ＿＿＿＿＿ ＿＿＿＿＿.

(2) おもしろい本を1冊見つけました。

I found ＿＿＿＿＿ ＿＿＿＿＿ ＿＿＿＿＿.

(3) ワシントンはアメリカの首都です。　　　　　　　　　　　　　　　　　＊首都：capital

Washington is ＿＿＿＿＿ ＿＿＿＿＿ ＿＿＿＿＿ ＿＿＿＿＿.

(4) 私のいとこはネコを3匹，鳥を2羽飼っています。

My cousin has ＿＿＿＿＿ ＿＿＿＿＿ and ＿＿＿＿＿ ＿＿＿＿＿.

(5) 音楽を聴くのは楽しいです。

Listening to ＿＿＿＿＿ is fun.

(6) 彼女は1か月につき1冊の英語の本を読みます。

She reads ＿＿＿＿＿ ＿＿＿＿＿ book ＿＿＿＿＿ ＿＿＿＿＿.

(7) 彼女はカップ2杯のコーヒーを飲みました。

She drank ＿＿＿＿＿ ＿＿＿＿＿ ＿＿＿＿＿ ＿＿＿＿＿.

チャレンジ ··· 解答 ➡ 別冊p.14

英文を日本語に，日本文を英語になおしなさい。

(1) Would you give me three pieces of paper?

＿＿＿＿＿＿＿＿＿＿＿＿＿＿＿＿＿＿＿＿＿＿＿＿＿＿＿＿＿＿＿＿

(2) Three children and two babies are playing in the living room.

＿＿＿＿＿＿＿＿＿＿＿＿＿＿＿＿＿＿＿＿＿＿＿＿＿＿＿＿＿＿＿＿

(3) The athlete can run the fastest in the world.

＿＿＿＿＿＿＿＿＿＿＿＿＿＿＿＿＿＿＿＿＿＿＿＿＿＿＿＿＿＿＿＿

(4) 彼はピアノをうまく弾くことができました。

＿＿＿＿＿＿＿＿＿＿＿＿＿＿＿＿＿＿＿＿＿＿＿＿＿＿＿＿＿＿＿＿

(5) コップ1杯の水をいただけますか。

＿＿＿＿＿＿＿＿＿＿＿＿＿＿＿＿＿＿＿＿＿＿＿＿＿＿＿＿＿＿＿＿

(6) 地球は丸いとだれもが知っています。　　　　　　　　　　　　　　　＊丸い：round

＿＿＿＿＿＿＿＿＿＿＿＿＿＿＿＿＿＿＿＿＿＿＿＿＿＿＿＿＿＿＿＿

28 数や量などの表し方

チェック

空欄をうめて，例文を完成させましょう。

【some / any「いくつか [いくつかの～]」】

① 問題のうちのいくつかは，とても簡単でした。

    _____ of the questions were very easy.

【many / much「たくさんの～」，a few / a little「少しの～」】

② 私はあまりたくさんのお金を持っていませんでした。

    I didn't have _____ money.

③ 私はニューヨークに2, 3人の友達がいます。

    I have _____ _____ friends in New York.

> **ポイント**
>
> **some と any の使い分け**
> ・some→肯定文で使う。
> ・any→疑問文，否定文で使う。
>
> **「数」と「量」の使い分け**
> ・数→数えられる場合。many,
> a lot of, a few など。
> ・量→数えられない場合。much,
> a lot of, a little など。

トライ

解答 ➡ 別冊 p.14

1 日本文に合うように，_____ に適する語を書きなさい。

(1) 彼女はいくらかの宿題をしなければなりません。

    She has to do _____ homework.

(2) 私は昨夜，本をまったく読みませんでした。

    I didn't read _____ books last night.

(3) 袋の中にはたくさんのジャガイモがありました。

    There were _____ potatoes in the bag.

(4) グラスにはたくさんの牛乳が入っています。

    There is _____ milk in the glass.

(5) 昨夜はほとんど風がありませんでした。

    There was _____ wind last night.

(6) そこにだれかいますか。

    Is there _____ there?

(7) 私の母はたくさんのドラマのDVDを持っています。

    My mother has _____ _____ _____ drama DVDs.

> (3)(4) 同じ「たくさん」の意味でも，「数えられる名詞」か「数えられない名詞」かで答えが違うんだね。

チェックの解答 ① Some ② much ③ a, few

2 ( ) 内の指示に従って，次の英文を書きなさい。

(1) We had some rain last night. （否定文に）

_____

(2) There were few students in the gym. （noを使って「まったくいない」という文に）

_____

(3) There aren't any bottles of water in the refrigerator. （notは使わず同じ意味の文に）

_____

(4) My brother has seen some interesting movies. （Myをyourに変えて疑問文に）

_____

(5) There is a little butter on the table. （「ほとんどない」という文に）

_____

(6) We have had few sunny days this week. （「少しはある」という文に）

_____

(7) Jim didn't have <u>much</u> money. （下線部を同じ意味の語句に言いかえて）

_____

チャレンジ

解答 ➡ 別冊p.14

英文を日本語に，日本文を英語になおしなさい。

(1) Each of the students has a smartphone.

_____

(2) All of the students are in the schoolyard.

_____

(3) My father bought three bananas and my mother ate the biggest one.

_____

(4) 彼女はトム（Tom）に「コーヒーはいかがですか」とたずねました。

_____

(5) まったく知らせがないのがいいニュースだ[便りがないのはよい便り]。(newsを2回使いNo newsで始めて)

_____

(6) ほかに質問はありませんか。　　　　　　　　　　　　　　　　　*ほかに：other

_____

29 代名詞

チェック

空欄をうめて，例文を完成させましょう。

【人称代名詞・所有代名詞・再帰代名詞】

① 私は彼女に自己紹介しました［自分自身を紹介しました］。

＿＿＿＿＿ introduced ＿＿＿＿＿ to ＿＿＿＿＿.

【指示代名詞】

② ジョン，こちらが私の友達のエミリーです。

John, ＿＿＿＿＿ is my friend Emily.

> **ポイント**
>
> **代名詞とは**
>
> 名詞のかわりに使う語。
> ・人称代名詞
> 　I, you, itなど
> ・所有代名詞
> 　mine, yoursなどで「〜の
> 　もの」という意味。
> ・再帰代名詞
> 　〜selfの形で「〜自身」とい
> 　う意味。

トライ

解答 ➡ 別冊p.14

1 日本文に合うように，＿＿＿＿＿ に適する語を書きなさい。

(1) 彼は独り言を言いました。

　He talked to ＿＿＿＿＿.

(2) カナは自分でそれをやりました。

　Kana did it ＿＿＿＿＿ ＿＿＿＿＿.

(3) それらはエマの本です。

　＿＿＿＿＿ are Emma's books.

(4) (電話で)もしもし，こちらはナンシーです。

　Hello, ＿＿＿＿＿ is Nancy speaking.

(5) あの少年はだれですか。

　Who is ＿＿＿＿＿ boy?

(6) 私たちにあなたのことを教えてください。

　Please tell ＿＿＿＿＿ about ＿＿＿＿＿.

(7) 私たちの家には庭があります。

　＿＿＿＿＿ house has a garden.

(8) ここに5冊の本があります。1冊は私のもので，ほかはあなたのものです。

　There are five books here. One is ＿＿＿＿＿ and the others are ＿＿＿＿＿.

> (1)「彼が自分自身に言った」となるよ。

> (3) booksだから単数ではないよ。

> (4) 主語が指しているのが女性でもsheは使わないよ。

チェックの解答　① I, myself, her　② this

2 次の日本文の下線部を英語になおしなさい。

(1) ナンシーは私たちに自己紹介しました。

Nancy ＿＿＿＿＿ ＿＿＿＿＿ ＿＿＿＿＿ us.

(2) この靴下（くつした）は彼のもので，私のものではありません。

These socks are ＿＿＿＿＿, not ＿＿＿＿＿.

(3) あれはだれの辞書ですか。 ── 彼女のものです。

＿＿＿＿＿ dictionary is that? ── That is ＿＿＿＿＿.

(4) 私の妹は自分でそれをやりました。

My little sister did it ＿＿＿＿＿ ＿＿＿＿＿.

(5) 私の両親は自分たちでたくさんのお金を貯めました。

My parents saved much money ＿＿＿＿＿ ＿＿＿＿＿.

(6) それらの窓を閉めて下さい。

Please close ＿＿＿＿＿ ＿＿＿＿＿.

(7) 食事をどうぞご自由にお取りください。

Please ＿＿＿＿＿ ＿＿＿＿＿ ＿＿＿＿＿ the food.

💬 **チェレンジ** .... 解答 ➡ 別冊p.15

英文を日本語に，日本文を英語になおしなさい。

(1) Please make yourself at home.

＿＿＿＿＿＿＿＿＿＿＿＿＿＿＿＿＿＿＿＿＿＿＿＿＿＿＿＿＿＿＿

(2) Please take care of yourself.

＿＿＿＿＿＿＿＿＿＿＿＿＿＿＿＿＿＿＿＿＿＿＿＿＿＿＿＿＿＿＿

(3) I like his cat, but I don't remember its name.

＿＿＿＿＿＿＿＿＿＿＿＿＿＿＿＿＿＿＿＿＿＿＿＿＿＿＿＿＿＿＿

(4) その車は突然（とつぜん）ひとりでに止まりました。 *突然：suddenly

＿＿＿＿＿＿＿＿＿＿＿＿＿＿＿＿＿＿＿＿＿＿＿＿＿＿＿＿＿＿＿

(5) 私の代わりに電話に出てもらえますか。 *～の代わりに：instead of～

＿＿＿＿＿＿＿＿＿＿＿＿＿＿＿＿＿＿＿＿＿＿＿＿＿＿＿＿＿＿＿

(6) 彼女は1人でその椅子（いす）を作りました。

＿＿＿＿＿＿＿＿＿＿＿＿＿＿＿＿＿＿＿＿＿＿＿＿＿＿＿＿＿＿＿

30 副詞

✍ チェック

空欄をうめて，例文を完成させましょう。

【副詞の働き】

① 彼はたいてい，とても速く歩きます。

He ＿＿＿＿ walks ＿＿＿＿ ＿＿＿＿.

ポイント

副詞の語順
動詞を修飾する場合は文の最後，形容詞や他の副詞を修飾する場合はそれらの前に置く。

✍ トライ

解答 ➡ 別冊p.15

1 日本文に合うように，＿＿＿＿ に適する語を書きなさい。

(1) 彼女らはフランス語をじょうずに話します。

They speak French ＿＿＿＿.

(2) そのネコはとても大きいです。

The cat is ＿＿＿＿ big.

(3) 父はときどき昼食を作ります。

My father ＿＿＿＿ cooks lunch.

(4) 私たちの先生はいつも忙しいです。

Our teacher is ＿＿＿＿ busy.

(5) 私の友達はよく学校に遅れます。

My friend is ＿＿＿＿ late for school.

(6) 私の弟は注意深く私の話を聞いていました。

My brother was listening to me ＿＿＿＿.

(7) 彼のイヌはゆっくりと歩きます。

His dog walks ＿＿＿＿.

(8) 彼は釣りが好きです。泳ぐのも好きです。

He likes fishing. He likes swimming, ＿＿＿＿.

(9) 私はピアノが弾けません。彼女も弾けません。

I can't play the piano. She can't play the piano, ＿＿＿＿.

(10) このテーブルは私の家には大きすぎます。

This table is ＿＿＿＿ big for my house.

(3) 頻度を表す副詞の位置は一般動詞の前になるよ。

(4)(5) 頻度を表す副詞の位置は，be動詞・助動詞のときはあとになるよ。

チェックの解答 ① usually, very, fast

2 ( )内の指示に従って，次の英文を書きなさい。

(1) My father works till late at night. (「たいてい」という文に)

_____

(2) My dog runs. (「とても速く」という文に)

_____

(3) Kana solved the math problem. (「とても簡単に」という文に)

_____

(4) He can't write e-mails. (「私も電子メールが書けません」という文に)

_____

(5) The movie is difficult for my brother. (「難しすぎる」という文に)

_____

(6) She went bowling yesterday. (「私も昨日ボウリングに行きました」という文に)

_____

(7) This house is large for the family. (「十分大きい」という文に)

_____

💬 チャレンジ ·· 解答 ➡ 別冊 p.15

英文を日本語に，日本文を英語になおしなさい。

(1) My uncle doesn't work hard enough.

_____

(2) Many students could dance well in the schoolyard.

_____

(3) I like her. I also like her brother.

_____

(4) 私はゆっくりと自転車に乗ります。

_____

(5) 昨夜，雨があまりにも激しく降っていました。 　　*激しく：hard

_____

(6) 冷蔵庫には私たちにとって十分な食べ物がありますか。

_____

31 前置詞

チェック

空欄をうめて，例文を完成させましょう。

【前置詞の働き】

① 壁の時計は少し進んでいます。

The clock _____ the wall is a little fast.

② 映画は2時30分に始まります。

The movie starts _____ two thirty.

③ あなたの学校はここからどれくらいの距離ですか。

How far is your school _____ here?

④ ミカは私たちのチームのキャプテンです。

Mika is the captain _____ our team.

ポイント

「時」を表す前置詞
・at＋時刻「〜に」
・on＋曜日・特定の日「〜に」
・in＋月・年・季節「〜に」
・for＋期間・長さ「〜の間」
・until [till]「〜まで（ずっと）」
・by「〜までに」
・from「〜から」 など

「場所」や「方向」を表す前置詞
・at「〜のところに [で]」
・in「〜の中に [で]」
・on / under「〜の上 / 下に [で]」
・from「〜から」
・into「〜の中へ」
・for「〜へ向かって」 など

トライ

解答 ➡ 別冊p.15

1 日本文に合うように，_____ に適する語を書きなさい。

(1) 私は7時に家を出るつもりです。

I am leaving home _____ seven.

(2) その店は土曜日に開いています。

The shop is open _____ Saturday.

(3) 彼女は校門のところで先生に会いました。

She saw the teacher _____ the school gate.

(4) 彼女は先生のお嬢さんの1人です。

She is one _____ the teacher's daughters.

(5) ジャックは2006年に生まれました。

Jack was born _____ 2006.

(6) テーブルの上にコンピュータがあります。

There is a computer _____ the table.

(7) テーブルの周りには椅子が5脚あります。

There are five chairs _____ the table.

(1)と(3)は同じ前置詞が入るよ。

チェックの解答 ① on ② at ③ from ④ of

2 次の日本文に合うように，2つの前置詞を使って文を完成させなさい。

(1) ドアとドアの間の壁に何枚か絵がかかっていました。

There were some pictures _____.

(2) 私の父は1980年の8月11日に生まれました。

My father was born _____.

(3) 私たちは箱根に5日間滞在しました。

We stayed _____.

(4) 彼女は朝から晩までずっと勉強しています。

She has been studying _____.

(5) 水曜日，3時までにここに来てください。

Please come here _____.

(6) ネコが私の部屋のベッドの下で寝ています。

A cat is sleeping _____.

(7) 彼女は将来，彼女のおばのような女性になりたいと思っています。

She wants to become a woman _____.

💠 **チャレンジ** ··· 解答 ➡ 別冊p.15

英文を日本語に，日本文を英語になおしなさい。

(1) We eat a lot of rice cakes in January.   *rice cake：餅

_____

(2) Please stay here. I'll be back in a minute.

_____

(3) I go to school by bike.

_____

(4) 私の父は7時に家を出て駅に向かいます。

_____

(5) ケン（Ken）は建物の中に走って入っていきました。

_____

(6) 病院は通りの向こう側にあります。

_____

❶ 次の名詞の複数形を ＿＿＿＿ に書き，数えられない名詞の場合には×を入れなさい。

(1) box ＿＿＿＿＿＿ (2) watch ＿＿＿＿＿＿ (3) foot ＿＿＿＿＿＿

(4) potato ＿＿＿＿＿＿ (5) piano ＿＿＿＿＿＿ (6) tomato ＿＿＿＿＿＿

(7) bird ＿＿＿＿＿＿ (8) money ＿＿＿＿＿＿ (9) water ＿＿＿＿＿＿

(10) child ＿＿＿＿＿＿ (11) baby ＿＿＿＿＿＿ (12) woman ＿＿＿＿＿＿

❷ 次の日本文の意味に合うように，＿＿＿＿ に適する語を入れなさい。

(1) これはあなたの辞書ではありませんね。　―― はい，違います。

This isn't your dictionary, ＿＿＿＿ ＿＿＿＿? ―― ＿＿＿＿, it ＿＿＿＿.

(2) あなたは英語でメールは書きませんね。　―― はい，書きません。

＿＿＿＿ you write an e-mail in English? ―― ＿＿＿＿, I ＿＿＿＿.

(3) 彼女は泳げないのですか。　―― いいえ，泳げます。

＿＿＿＿ she swim? ―― ＿＿＿＿, she ＿＿＿＿.

(4) あなたはなんとうまくケーキを作れるのでしょう。

＿＿＿＿ ＿＿＿＿ you can make cake!

(5) なんと人なつっこい犬なのでしょう。

＿＿＿＿ a friendly dog it is!

❸ 正しい英文になるように，[　　]の中から適切なものを選びなさい。

(1) Did you make the chair [yourself / your / yours]?

(2) My daughter can speak Chinese [very / much / well].

(3) I can't dance well, and he can't, [also / too / either].

(4) There is a wide road [for / between / at] the trees.

(5) The boy is talking [out / about / for] his favorite video game.

(6) She has been sleeping [by / until / since] 3 p.m.

(7) There is a fly [at / in / on] the ceiling.　*ceiling：天井

(8) She will return [on / in / during] a month.

(9) How far is it [under / into / from] here to the museum?

(10) Is there a noodle shop [across / around / along] here?

4 次の英文を日本語になおしなさい。

(1) My father usually returns home at 8 p.m.

_____

(2) London is the capital of the United Kingdom.

_____

(3) They went skiing during the winter vacation.

_____

(4) This car is mine, not his.

_____

5 次の文の _____ にa, an, theの中から適する語を書き，不要の場合には×を入れなさい。

(1) Please don't close _____ door.

(2) Can he play _____ flute well?

(3) She goes to _____ school by _____ bus.

(4) He reads _____ book for _____ hour every day.

(5) My father has a car. _____ car is red.

(6) Her hope is to travel around _____ world.

(7) She is a girl like _____ angel.

(8) I like oranges _____ best of all fruits.

(9) He gave the cat _____ piece of bread.

6 次の日本文を英語になおしなさい。

(1) 彼は毎朝，牛乳をコップ3杯飲みます。

_____

(2) 私はこのスニーカーが好きではありません。別のものを見せてください。

_____

(3) 私たちはこの宿題を来週の金曜日までに終わらせなければなりません。

_____

(4) 私の息子は7月26日に生まれました。

_____

まとめテスト

解答 ➡ 別冊p.16

点 / 100点

❶ 正しい英文になるように，[　　　] の中から適切なものを選びなさい。[2点×5-10点]

(1) She [were / was / is] sick last week.

(2) [Does / Do / Did] you get up early yesterday?

(3) They [can / will / are] going to swim in the pool tomorrow.

(4) [Are / Were / Do] you in the office yesterday afternoon?

(5) [Which / What / Where] do you like better, meat or fish?

❷ 次の日本文の意味に合うように，＿＿＿＿＿ に適する語を入れなさい。[完答3点×5-15点]

(1) そのショッピングモールで何を買いましたか。

＿＿＿＿＿＿ did you ＿＿＿＿＿＿ at the shopping mall?

(2) 雨が激しく降っている間は屋内にいたほうがいいですよ。

You ＿＿＿＿＿＿ stay inside ＿＿＿＿＿＿ it is raining hard.

(3) あなたはその音楽に合わせて踊れますか。

＿＿＿＿＿＿ you ＿＿＿＿＿＿ to dance to the music?

(4) 一生懸命練習しなさい。さもないと試合に負けます。

Practice hard, ＿＿＿＿＿＿ you will lose the match.

(5) あなたは明日，早起きをする必要はありません。

You ＿＿＿＿＿＿ ＿＿＿＿＿＿ ＿＿＿＿＿＿ wake up early tomorrow.

❸ 次の対話文が成立するように，(　　　) 内の指示に従って英文を完成させなさい。[3点×5-15点]

(1) A：Were there many books on the shelf? （Noで答えて）

B：＿＿＿＿＿＿＿＿＿＿＿＿＿ .

(2) A：Were these letters sent from Canada? （Yesで答えて）

B：＿＿＿＿＿＿＿＿＿＿＿＿＿ .

(3) A：＿＿＿＿＿＿＿＿＿＿＿＿＿＿＿＿＿＿＿ to the castle? （下線部を問う疑問文に）

B：I have been there several times.

(4) A：＿＿＿＿＿＿＿＿＿＿＿＿＿ taller, you or Jane? （下線部を問う疑問文に）

B：Jane is.

(5) A：＿＿＿＿＿＿＿＿＿＿＿＿＿ have curry and rice at the cafeteria? （相手を誘う文に）

B：Yes, let's.

❹ 次の英文を日本語になおしなさい。[4点×5-20点]

(1) Will you tell me how to use this machine?

_____

(2) She studied hard to become a nurse.

_____

(3) His father gave us something hot to drink.

_____

(4) The textbook is hers, not mine.

_____

(5) He likes judo the best of all the sports.

_____

❺ 正しい英文になるように，[   ] 内の語句を並べかえなさい。ただし，使わない語がひとつあります。[4点×4-16点]

(1) [the laundry, / father / doing / look / likes / doesn't / Your / he]?

_____

(2) [that / Emily / at / more / thinks / is / than money / time / important].

_____

(3) [If / cookies / yourself / Please / the / help / to].

_____

(4) [to / It / went / began / outside / I / snow / now / when].

_____

❻ 次の日本文を英語になおしなさい。[6点×4-24点]

(1) 病院までの道を教えていただけませんか。

_____

(2) 彼女は3日間ずっと学校を休んでいます。病気にちがいありません。

_____

(3) その料理は私のいとこと彼の家族のために作られました。

_____

(4) その歌は多くの人に愛されるでしょう。

_____

●編　者
　　数研出版編集部
●カバー・表紙デザイン
　　有限会社アーク・ビジュアル・ワークス

初版
第1刷　2021年4月1日　発行
第2刷　2022年2月1日　発行
第3刷　2024年1月10日　発行

発行者　星野　泰也

ISBN978-4-410-15058-6

チャート式®シリーズ　中学英語　2年　準拠ドリル

発行所　数研出版株式会社

〒101-0052 東京都千代田区神田小川町2丁目3番地3
　　　　　〔振替〕00140-4-118431
〒604-0861 京都市中京区烏丸通竹屋町上る大倉町205番地
　　　　　〔電話〕代表 (075)231-0161
ホームページ　https://www.chart.co.jp
印刷　河北印刷株式会社
　　　乱丁本・落丁本はお取り替えいたします　231203

本書の一部または全部を許可なく
複写・複製することおよび本書の
解説・解答書を無断で作成するこ
とを禁じます。

答えと解説　2年

1 過去の文（一般動詞）

トライ　➡本冊 p.4

1 (1) listened　(2) did　(3) wrote
(4) did, not, read

2 (1) I studied English.
(2) My brother taught me math.
(3) Did she make a cake last Sunday?
(4) Lisa didn't write a letter last week.

3 (1) What did you do last night
(2) They played baseball in the park yesterday
(3) She danced to the music

解説

2 (3) 一般動詞の過去形の疑問文は Did を文頭に置く。

くわしく！ 過去の疑問文 ……… **チャート式シリーズ参考書** ≫ p.24

チャレンジ　➡本冊 p.5

(1) ジャックは 5 年前に日本に来ました。
(2) 昨日の午後，私は友達たちとその歌を歌いました。
(3) だれが富士山の写真を撮ったのですか。
(4) Did you read this book?
(5) He painted this picture on the street.
(6) I didn't have breakfast this morning.

解説

(5) painted は drew でも正解。
(6) have は eat でも正解。

2 過去の文（be 動詞）

トライ　➡本冊 p.6

1 (1) were　(2) Were, wasn't
(3) Where, was, was　(4) wasn't

2 (1) She wasn't busy yesterday.
(2) Where was your watch?
(3) When was her birthday party?
(4) Where were you in the afternoon?

3 (1) Ken was at home then

(2) Who was in the room at that time
(3) My sister wasn't at home last night

解説

1 (2) be 動詞の過去形の疑問文は，Was［Were］で文を始める。

チャレンジ　➡本冊 p.7

(1) 私の父は，3 年前料理人でした。
(2) あなたは昨日の午後暇でしたか。
(3) 2 年前，あなたの数学の先生はだれでしたか。
(4) He wasn't kind, so I wasn't happy.
(5) My friend and I were in［at］the library yesterday morning.
(6) Were you in the park last night?

解説

(4) so は and でも正解。
(5) 「私と（人）」は，（人）and I と表す。

3 過去進行形の文

トライ　➡本冊 p.8

1 (1) were, studying　(2) Were, listening
(3) What, were, doing
(4) Who, was, running
(5) wasn't, looking

2 (1) I was sleeping in the bed.
(2) I wasn't swimming in the pool.
(3) Was she writing a diary two hours ago?
(4) What was Richard doing in the living room?

3 (1) I wasn't using a computer
(2) Were you doing your homework
(3) Who was playing tennis in the schoolyard

解説

2 (3) 過去進行形の疑問文は〈Was［Were］＋主語＋動詞の ing 形 ～?〉の形。Did を使わないので注意。

くわしく！ 過去進行形の疑問文… **チャート式シリーズ参考書** ≫ p.33

(1) 私の父は, 私の母と台所で話していました。

(2) 私たちは, 教室で国語を学んでいました。

(3) そこで彼らは朝食を食べていましたか。

(4) **What were you talking about here?**

(5) **I wasn't playing a game in my room.**

(6) **He was reading a book in the library.**

解説

(2) Japanese「国語」

第2章　未来の文

❹ 未来の文①

トライ　➡本冊 p.10

1 (1) **am, going, to**　(2) **Are, going, to, am**

2 (1) **How long are you going to stay?**

(2) **You aren't going to play ice hockey.**

(3) **We are going to have dinner together this evening.**

(4) **We are going to leave here at six o'clock.**

3 (1) **Where are you going to paint pictures**

(2) **You and I aren't going to play a video game tonight**

(3) **My brother is going to stay in Canada next month**

解説

1 be going to は「未来の意志・予定, 近い未来の予測」を表す。be動詞は主語によって使い分ける。

チャレンジ　➡本冊 p.11

(1) 私の祖父はもうすぐここに到着する予定です。

(2) 彼らは放課後, 教室を掃除するつもりですか。

(3) あなたは今晩何をする予定ですか。

(4) **I'm not going to listen to music.**

(5) **My father is going to walk the dog in the afternoon.**

(6) **Are your parents going to watch[see]**

---

a movie tomorrow?

―― Yes, they are.

解説

(4)「～するつもりはない」は, be going to の否定文〈be動詞＋not going to＋動詞の原形〉の形で表す。

❺ 未来の文②

トライ　➡本冊 p.12

1 (1) **will**　(2) **will**　(3) **Will**　(4) **Who, will**

2 (1) **I will not forget your birthday.**

(2) **We will help you with your homework.**

(3) **Will they take a bus to school?**

(4) **Will you open the window?**

3 (1) **Who will take a bath first**

(2) **I will talk with her after school**

(3) **My uncle will call us this evening**

解説

2 (4) Will you ～? は「～してくれますか」と相手に依頼するときにも使える。

くわしく！　相手に依頼する文……　チャート式シリーズ参考書 ≫ p.51

チャレンジ　➡本冊 p.13

(1) 私の兄(弟)は明日学校に行くでしょうか。

(2) あなたはいつ東京に戻るつもりですか。

(3) 私は夜遅くにテレビゲームはしません。

(4) **My brother and I will leave for school at eight [o'clock].**

(5) **We will swim in the sea[ocean] today.**

(6) **I won't tell you a secret again.**

解説

(6) will not は won't と短縮されることが多い。

確認問題① ➡本冊 p.14

❶ (1) **studied**　(2) **read**　(3) **came**　(4) **saw**

(5) **had**　(6) **spoke**　(7) **gave**　(8) **made**

(9) **went**　(10) **bought**　(11) **told**　(12) **said**

❷ (1) **was**, 私の兄(弟)は今朝, 学校に遅刻しました。

(2) **Were**, あなたは2年前は学生でしたか。

(3) were, 私の両親は居間でテレビを見ていました。

(4) was, 私のネコはテーブルの下で眠っていました。

(5) Were, 昨夜, あなたのお姉さん（妹）とあなたはコンビニにいましたか。

3 (1) I[we], didn't　(2) he, was

(3) went, to　(4) did　(5) It, was

4 (1) 明日の朝は雨になりそうですか。

(2) 私は二度と電車に乗り遅れません。

(3) 駅前に薬局がありましたか。

(4) あなたは寝る前に友達にメールを送りましたか。

5 (1) How long are you going to listen to music

(2) Will you help me with my homework

(3) When are you going to buy the sneakers

(4) My parents didn't go to the department store

(5) I was taking a shower then

6 (1) The salad was fresh, but the soup wasn't hot.

(2) I went to the store[shop] and bought food and drink.

(3) She and my sister were classmates at school.

(4) My father was looking for the key for twenty minutes.

解説

5 (4) be動詞がないので, be going toの形は作れない。

第3章　助動詞

6 can, may

トライ →本冊p.16

1 (1) ① can　② am, able, to

(2) ① can　② is, able, to

(3) ① can　② is, able, to　(4) may

2 (1) I could sleep well.

(2) They were not able to win the game.

(3) Lisa and George will be able to understand each other.

(4) May I use this dictionary?

3 (1) You may not bring food in the library

(2) Can you carry this bag for me

(3) May I open the window

解説

1 (1)〜(3)be able toを使うときは主語に合わせてbe動詞を変える。

くわしく！ be able toを用いた表現
.... チャート式シリーズ参考書 >> p.60

2 (3) can自体に未来形はないので, be able toの前に未来を表す助動詞willをつける。

チャレンジ →本冊p.17

(1) トムは日本語の本を読むことができます。

(2) 両親は私の話を理解しないかもしれません。

(3) いらっしゃいませ。

(4) I can play soccer. I can play basketball, too.

　[I can also play basketball.]

(5) Can I go to my friend's house?

(6) It may be[become] warm next week.

解説

(5) go toはvisitでも正解。

(6) mayには, 「〜してもよい」のほか, 「〜かもしれない」という推量の意味もある。

7 must / have to / should

トライ →本冊p.18

1 (1) ① must　② have, to

(2) ① must　② has, to

(3) ① Must　② Do, have, to

(4) must　(5) don't, have, to

2 (1) You must not tell a lie.

(2) Must I go to bed now?

(3) No, you[we] don't have to.

(4) My mother has to catch the bus.

3 (1) We have to keep our promise

(2) You should apologize to Nancy for that

(3) Must I write a report by Friday

解説

1 (4)〈must not ＋動詞の原形〉で「～してはいけない」という強い禁止の意味を表す。

(5) have to の否定文は〈do［does］not have to ＋動詞の原形〉で,「～しなくてもよい」「～する必要はない」の意味になる。

くわしく! have to の否定文 ……… チャート式シリーズ参考書 ≫ p.66

チャレンジ ➡本冊p.19

(1) 彼は7時に家を出なければなりません。

(2) あの女の子はトムの妹(姉)にちがいありません。

(3) 彼女は早く起きるべきです。

(4) You don't have to wait here.

(5) You must［have to］read this book.

(6) We should be kind to old people.

解説

(2) must の意味が「～しなければならない」か「～にちがいない」かは,文の内容や前後関係から判断する。

⑧ 依頼・勧誘・提案の表現

トライ ➡本冊p.20

1 (1) Could［Would］, you

(2) Would, you, like

(3) Shall, I, thank, you (4) I'd, like

2 (1) Shall we drink coffee at the cafe?

(2) Would［Could］you close the curtain?

(3) Shall I call you later?

(4) Could［Would］you carry this bag for me?

(5) Would you like a break?

(6) Shall we go to the museum?

(7) Would you like some wine?

解説

1 (1) Can［Will］you ～?にすると,友達などに気軽に頼むような表現になる。

チャレンジ ➡本冊p.21

(1) 駅に迎えに来ていただけませんか。

(2) これらのマンガを貸していただけませんか。

(3) もう少し砂糖はいかがですか。

(4) Shall I lend you an umbrella?

(5) Shall we play the guitar together after school?

(6) Would you like some snacks?

解説

(4) Shall I lend an umbrella to you? も正解。

(5) Shall we ～?はLet's ～.とほぼ同じ意味を表す。

第4章 There is ～.の文

⑨ There is ～.の文・疑問文・否定文

トライ ➡本冊p.22

1 (1) There, is (2) There, are

2 (1) There is a dictionary on the desk.

(2) There are some cats on the tree.

(3) Is there a dog in front of the house? —— Yes, there is.

(4) How many computers are there in Mr. Brown's house?

3 (1) There isn't a bank near here

(2) Are there no benches in the park

(3) Is there a zoo on the street

解説

2 (1)「～がある」ことを伝える表現。

くわしく! There is の表現 ……… チャート式シリーズ参考書 ≫ p.78

チャレンジ ➡本冊p.23

(1) 川には長い橋がかかっていました。

(2) あなたの学校には演劇部はありますか。

(3) 箱の中にバナナは何本ありますか。

(4) There are no mistakes in your essay.

(5) There are no hotels in the town.

(6) There were several desks in the room.

解説

(4) (5) There aren't any ～.としても正解。

確認問題② ➡本冊p.24

1 (1) can (2) may (3) couldn't (4) May

2 (1) must (2) Could［Would］ (3) should

(4) **Shall, I** (5) **weren't, able, to**

3 (1) **Yes, there were**

(2) **No, you can't[cannot]**

(3) **How many staplers are there**

(4) **Would you like** (5) **Shall I**

4 (1) あなたは鎌倉へ行く予定ですね。そこには温泉がありますか。

(2) その家には何台の自転車がありますか。

(3) 次回，宿題を持ってこなければなりませんか。—— いいえ，その必要はありません。

(4) 木の下にイヌが何匹かいます。

(5) 彼女はあなたにすぐに電話をしないかもしれません。

5 (1) **You should buy a dress at the department store**

(2) **Shall we go to karaoke later**

(3) **Are there any mistakes in the test**

(4) **They must be tired today**

6 (1) **Shall we have[eat] lunch in[at] the park?**

(2) **You will be able to take beautiful pictures soon.**

(3) **My sister will have to take care of the new dog.**

(4) **She doesn't have to go to bed early tonight.**

解説

1 (4) Can I ～?のていねいな表現が May I ～?。

6 (2) will be able to ～「～できるようになるだろう」

(3) take care of ～「～の世話をする」

第5章　文型を作る動詞

10 主語（S）＋動詞（V）＋補語（C）

トライ　➡本冊 p.26

1 (1) **became** (2) **will, become**

(3) **looks** (4) **looks, like** (5) **will, get**

(6) **turned** (7) **sounds**

2 (1) <u>My friend</u> <u>became</u> <u>a good teacher.</u>
　　　　S　　　　　V　　　　C

---

(2) <u>Your uncle</u> <u>looks</u> <u>young.</u>
　　　S　　　　V　　　C

(3) <u>I</u> <u>feel</u> <u>very hungry.</u>
　　S　V　　　C

(4) <u>The plant</u> <u>is growing</u> <u>big.</u>
　　　S　　　　V　　　C

3 (1) **This plan sounds great.**

(2) **These leaves turn yellow.**

(3) **Your brother looks like an adult.**

解説

1 (6) 色が変わる場合は turn を使う。

くわしく！ SVC をとる動詞 ………… チャート式シリーズ参考書 ≫ p.92

2 (3) 形容詞を修飾する very に注意する。

チャレンジ　➡本冊 p.27

(1) その建物は大学のように見えます。

(2) トムはパーティーでうれしそうに見えました。

(3) 私は少しおなかがすきました。

(4) **The cake in the refrigerator looks delicious.**

(5) **He will be able to become a good actor.**

(6) **The traffic light turned red.**

解説

(5) can は未来形がないので will を使って，can を be able to にする。

11 主語（S）＋動詞（V）＋目的語（O）＋目的語（O）/ 主語（S）＋動詞（V）＋目的語（O）＋補語（C）

トライ　➡本冊 p.28

1 (1) **sent** (2) **teaches, to** (3) **named**

(4) **made** (5) **give** (6) **calls**

2 (1) <u>He</u> <u>told</u> <u>me</u> <u>his secret.</u>
　　　S　　V　　O　　　O

(2) <u>My aunt</u> <u>bought</u> <u>me</u> <u>some snacks.</u>
　　　S　　　　V　　　O　　　O

(3) <u>My father</u> <u>made</u> <u>me</u> <u>breakfast.</u>
　　　S　　　　V　　O　　　O

(4) <u>They</u> <u>call</u> <u>the new classmate</u> <u>JJ.</u>
　　　S　　V　　　　O　　　　　　C

3 (1) **The rumor made me very sad**

(2) **She made me a cup of tea**

(3) **Kumi lent me her favorite CD**

解説

1 (3)(4)(6)意味のうえで,〈目的語＝補語〉の関係がある。

くわしく！ SVOCの文

　………………………… チャート式シリーズ参考書 ≫ p.95

チャレンジ →本冊 p.29

(1) 彼女は自分の娘(むすめ)にきれいな花を手に入れました。

(2) 私は庭をきれいにしておかなければなりません。

(3) 友達が私に地図を見せてくれました。

(4) **A young man asked me the way to the station.**

(5) **We found the information very useful.**

(6) **Who bought it[that] for you?**

解説

(6) 代名詞itを文末に置いてWho bought you it[that]? とすることはできない。

第6章　接続詞

⑫ and / or / but / so

トライ →本冊 p.30

1 (1) **and** (2) **or** (3) **but** (4) **so**
　(5) **and** (6) **but**

2 (1) **or** (2) **so** (3) **but**

3 (1) **I was hungry, so I went to the restaurant**

(2) **She is strange, but everybody likes her**

(3) **Go to bed early, or you will be late for school**

(4) **Study hard, and you will pass the exam**

解説

1 (5)「〜そして…」と考える。

3 (3)命令文, or …「〜しなさい, そうしないと…。」

　(4)命令文, and …「〜しなさい, そうすれば…。」

くわしく！ 命令文のあとのandとorの使い分け

　………………………… チャート式シリーズ参考書 ≫ p.106

チャレンジ →本冊 p.31

(1) 私の母が買い物に行き, 父が夕食を料理しました。

(2) 私は音楽を聴きましたが, くつろぐことはできませんでした。

(3) 私の姉(妹)はとてものどが渇(かわ)いていたので, 牛乳をいくらか飲みました。

(4) **Jack is friendly and honest.**

(5) **She was very sleepy, so she didn't take a bath.**

(6) **She wrote an e-mail, but she didn't send it.**

解説

(5) She was very sleepy. So she didn't take a bath. も可。

⑬ when / while など

トライ →本冊 p.32

1 (1) **when, snows** (2) **while**
　(3) **until[till]** (4) **when** (5) **While**

2 (1) **before breakfast**

(2) **After it stopped raining**

(3) **before she went to bed**

(4) **after he came[got] home**

3 (1) **Her family went to America when she was eleven**

(2) **I became sleepy while I was listening to the radio**

(3) **I go to bed after I take a bath**

解説

1 (1)〈when＋主語＋動詞〉を使って未来のことを表す場合, 動詞は現在形にする。

くわしく！〈when＋主語＋動詞〉で未来のことを表す場合

　………………………… チャート式シリーズ参考書 ≫ p.108

2 (1)beforeには前置詞の用法もある。

チャレンジ →本冊 p.33

(1) 彼はテレビゲームをしたあと, お風呂(ふろ)に入りました。

(2) 父が家に帰る前に, 姉(妹)は宿題を終わらせるでしょう。

(3) 鉄は熱いうちに打て。

(4) **We went sightseeing from morning till[to] night.**

(5) **I was very hungry, so I had[ate] too much.**

(6) What were you doing when I called you?

解説

(4) from morning till[to] night「朝から晩<ruby>晩<rt>ばん</rt></ruby>まで」。

14 if / because

トライ ➡本冊 p.34

1 (1) If (2) if (3) Because (4) Because
(5) If (6) because (7) because (8) if

2 (1) I closed the window because it was very cold
(2) If I have money, I will buy a car
(3) Because Ray was thirsty, she drank a lot of water
(4) Rick bought the shirt because he liked it
(5) If you can't go out, I will visit you
(6) She is happy because she is playing the guitar
(7) If I bake cookies, I will give you some of them

解説

2 if ～やbecause ～を前に置くときは，文と文の間をコンマで区切る。

チャレンジ ➡本冊 p.35

(1) もし明日晴れなら，私は川に泳ぎに行きます。
(2) もしあなたは眠<ruby>眠<rt>ねむ</rt></ruby>いのなら，早く寝なさい。
(3) 彼女はさみしかったので，何人かの友達に電話をしました。
(4) Ken was sad because he was late for school.
(5) She was very hungry because she didn't have[eat] breakfast.
(6) If you play a video game, you will stay up late.

解説

(4)(5) because ～を文頭にしてもよい。
(6) If節を文末にしてもよい。

15 that

トライ ➡本冊 p.36

1 (1) think, that (2) tell, that
(3) happy[glad], that
(4) thought, was
(5) sad, that (6) sure, that

2 (1) Jane knew that you were in time for school.
(2) Her uncle told her that he would come to Tokyo.
(3) Jane's father thought that she was very sleepy.

3 (1) Everybody knew that I lived near the station
(2) My daughter is happy that she ate a big steak
(3) My mother tells my father that he works too hard
(4) I'm sorry that I couldn't come here on time

解説

1 think, know, say, hopeなどのあとにくるthatは省略されることも多い。
2 that節の前の動詞が過去形のときは，thatのあとの動詞も過去形にする。

チャレンジ ➡本冊 p.37

(1) あなたはエミが恥<ruby>恥<rt>は</rt></ruby>ずかしがりやだと思いますか。
(2) あなたは自分が正しいと私に示せますか。
(3) 彼女は私に病院で会って驚<ruby>驚<rt>おどろ</rt></ruby>いていました。
(4) Did you think that I was crying?
(5) I don't think that I will be busy tonight.
(6) I am afraid that I can't[cannot] wash the dishes tonight.

解説

(5) 「私は～でないと思います」というときは，thatのあとを否定文にはせず，I don't think that ～.と表す。

確認問題③ ➡本冊 p.38

1 (1) but (2) or (3) when (4) and

(5) before

2 (1) × (2) ○ (3) ○ (4) × (5) ○

3 (1) He got very angry.
　　(S) (V)　(C)

(2) He showed me that picture.
　(S)　(V)　(O)　　(O)

(3) She gave her mother a present.
　(S)　(V)　(O)　　(O)

(4) Your sister looked happy then.
　　(S)　　(V)　(C)

(5) The family named the cat Jinx.
　　(S)　　(V)　(O)　(C)

(6) Is your cat thirsty?
　(V)　(S)　(C)

(7) His mother made us a meal.
　(S)　　(V)　(O)　(O)

4 (1) あなたがお風呂に入っている間に，あなた
の友達から電話がありました。

(2) もし明日雨ならば，私は家にいます。

(3) 一生懸命勉強しなさい，そうしないと試験
に落ちますよ。

(4) 風が強くなりました。

(5) 私がケーキを全部食べたので，兄(弟)は怒
りました。

5 (1) Junko gave this video game to me.

(2) My aunt bought some comic
books for me.

(3) Her mother made pizza for us for
brunch.

(4) Jack lent some DVDs to us.

6 (1) After I read the newspaper,
I took a shower.

(2) He told me that I was wrong.

(3) I thought that you would have
a cat.

(4) We didn't think that the young man
was a doctor.

解説

2 (1) 主語を表す代名詞のため省略不可。
(4) 「あの」を意味する形容詞のため省略不可。

5 give, sendなどは〈give＋人＋もの〉を〈give＋もの
＋to＋人〉の形で表すことができる。buyやmakeの
場合は〈for＋人〉を使う。

---

(3) for usとfor brunchは逆でも可。

6 (1) I took ～を文頭にしてもよい。また，I took a
shower after reading the newspaper.と書
きかえることもできる。

第7章　不定詞と動名詞

🔟 不定詞の名詞的用法

トライ ➡本冊p.40

1 (1) want, to, see〔watch〕

(2) likes, to, take

(3) would, like, to, play　(4) to, go

(5) was, to, take　(6) didn't, forget, to

2 (1) She wanted to walk in the park.

(2) My mother didn't start
to cook dinner.

(3) I'd like to talk to Mr. Tanaka.

(4) To become a nurse is her dream.

3 (1) Their hope is to have lunch at the
restaurant

(2) Would you like to have a cup of
coffee

(3) Do you know that it began to rain

解説

2 (4) 〈To＋動詞の原形＋is ...〉で「～することは…だ」と
表現することもできる。

くわしく！　不定詞が主語の文
･･････････････････ チャート式シリーズ参考書 ≫ p.129

チャレンジ ➡本冊p.41

(1) あなたは居間でテレビを見たかったのですか。

(2) 彼女はドアを閉めようとしましたが，閉められ
ませんでした。

(3) デザートに何を召し上がりますか。

(4) My father sometimes says,
"To see is to believe."

(5) What do you want to be〔become〕
after graduation?

(6) What do you like to do after school?

解説

(2) try to ～「～しようとする」

🔢 不定詞の副詞的用法・形容詞的用法

トライ ➡本冊p.42

1 (1) to, study　(2) to, see[meet]

(3) to, watch[see]

(4) something, to, drink

(5) time, to, go

2 (1) Does she have anything to eat?

(2) Jane was sad to hear the news.

(3) Jack doesn't have anything to do at home.

(4) You and I have something to read.

3 (1) Would you like something cold to drink

(2) They went to the museum to see some paintings

(3) She went to the hospital to see her grandmother

解説

2 (2) sad to ～「～して悲しい」

3 (1) something を形容詞が修飾する場合は，後ろに置いて〈something+形容詞〉とする。

チャレンジ ➡本冊p.43

(1) 彼には話をする数人の友達がいます。

(2) 彼らには今年の夏，訪れるべき場所があります。

(3) 彼女は昔の友達からメールをもらって喜びました。

(4) They had nothing to do last night.

(5) Why did you go to the airport?
　── To see my aunt off.

(6) I went to the shopping mall to buy a T-shirt.

解説

(1) 元々の表現は talk with some friends なので，talk の後ろに前置詞（with）が必要。

(4) had nothing は didn't have anything でもよい。

🔢 いろいろな不定詞 / 動名詞

トライ ➡本冊p.44

1 (1) It, is, to, go　(2) finish, reading

(3) how, to, play　(4) It, is, to

(5) wants, me, to

(6) when, to, start[begin]

2 (1) Is Emi good at playing handball

(2) Do you want me to wash the dishes

(3) How about walking the dog to the park

解説

1 (6) how 以外の疑問詞も〈疑問詞+to+動詞の原形〉で，「～したらよいか」の意味を表す。

くわしく! 疑問詞+to+動詞の原形
…………………… チャート式シリーズ参考書 》 p.136

チャレンジ ➡本冊p.45

(1) その先生は，私たちに授業中は静かにするように言いました。

(2) 私をお祭りに招いてくれてありがとう。

(3) 体育館で卓球をするのはどうですか。

(4) He told me not to close the window.

(5) It is not easy to do this homework.

(6) Can you tell me what to do?

解説

(2) Thank you for ～「～してくれてありがとう」

(4) tell+人+not to ～「（人）に～しないように言う」

(6) Can は Will または Could または Would でも正解。

第8章　比較の文

🔢 比較級と最上級

トライ ➡本冊p.46

1 (1) bigger[larger], than

(2) smaller, than

(3) the, biggest[largest], of

(4) more, beautiful, than

(5) the, most, interesting, of

2 (1) He is the tallest student of us all

(2) He likes spring better than fall

(3) Her painting is better than mine

解説

1 (1)(3) big の比較級は bigger, 最上級は biggest と，g を重ねる。

くわしく! 比較級・最上級の作り方
…………………… チャート式シリーズ参考書 》 p.160

2 (1) of us all「私たちみんなの中で」

(1) 日本とイタリアはどちらが大きいですか。
(2) あなたのネコは私のネコより大きいですか。
(3) 彼女のお兄さんが私たち全員の中でいちばん年上です。
(4) This actor is more famous than that one.
(5) That homework is the most important of all.
(6) What country do you like the best?

解説

(6) 国の数は決まっているため, WhatはWhichでも正解。

⑳ as 〜 as ...

トライ ➡本冊p.48

1 (1) as, big[large], as
(2) not, as, tall, as
(3) as, busy, as (4) not, as, small, as
(5) as, delicious, as (6) as, fast, as
(7) wasn't, as, interesting, as
(8) as, hard, as

2 (1) This question is as easy as that one.
(2) This video game is not as exciting as that one.
(3) Science is as interesting as math.
(4) This problem is easier than that one.

3 (1) Hokkaido is not as hot as Osaka
(2) This milk is not as cold as that milk
(3) My sister plays the guitar as well as the music teacher

解説

1 (2) 否定文は〈not as 〜 as ...〉となり, 「…ほど〜ではない」という意味になる。

くわしく! as 〜 as ...の否定の表現
……………………… チャート式シリーズ参考書 》》 p.162

チャレンジ ➡本冊p.49

(1) あの本はこの本と同じくらい難しいです。

(2) あなたのお姉さん(妹)は, お兄さん(弟)と同じくらい活発なのですか。
(3) この俳優はあの女優ほどは人気がありません。
(4) Emma can't[cannot] run as fast as Anna.
(5) I left home as early as my father.
(6) He couldn't play tennis as well as his brother.

解説

(3) That actress is more popular than this actor. に書きかえることもできる。

1 (1) larger, largest
(2) more popular, most popular
(3) earlier, earliest (4) better, best
2 (1) wanted, to, become[be] (2) to, climb
(3) I'd, like, to (4) easier, than
(5) the, biggest[largest], of
3 (1) how to use (2) Who is younger
(3) good at (4) How about playing
(5) I[We] like rugby the best
4 (1) あなたはすべての教科の中でどの教科がいちばん好きですか。
(2) その会議に出席することはあなたにとって重要です。
(3) ニューヨークは東京ほど安全ではありません。
(4) 熱い飲み物はいかがですか。
(5) プログラミングを学ぶ方法を知っていますか。
5 (1) My father wants me to clean the room
(2) It is necessary to study math hard
(3) How about inviting your friends to dinner
(4) Going on a trip is a lot of fun
6 (1) Health is more important than money.
(2) This comic book is as interesting as that one.

(3) She didn't know what to tell him.

(4) My father wants me to stop staying up late.

解説

❶(3)〈子音字＋y〉で終わる語→yをiに変えてer/estをつける。

❸(4)Shall we playとしてもよい。

第9章　受け身の文

㉑ 受け身の形と意味 / 受け身の疑問文・否定文

トライ　➡本冊p.53

1 (1) is, spoken　(2) is, played, by
　(3) was, built　(4) Is, eaten〔had〕, isn't

2 (1) The computer is used by him.
　(2) This country was visited by many people.
　(3) Is the convenience store opened at six by them?

解説

1 受け身の文は〈be動詞＋過去分詞〉で表す。

チャレンジ　➡本冊p.53

(1) 昼食はあなたのお父さんによって作られたのですか。
(2) 新しい病院が学校の近くに建てられるでしょう。
(3) このTシャツはどこで売られているのですか。
(4) When was this novel written?
(5) This fish wasn't caught by my father.
(6) Those letters are written in Chinese.

解説

(4) 疑問詞を使った受け身の疑問文は，疑問詞を文の最初に置き，そのあとに受け身の疑問文の形を続ける。

㉒ 注意すべき受け身

トライ　➡本冊p.54

1 (1) was, told　(2) was, named
　(3) was, surprised, at　(4) was, made
　(5) is, pleased　(6) was, born

2 (1) Jane is known to every student in the class.

(2) The baby was named Ken by the grandparents.
(3) Science is taught（to）us by Mr. Sato.
(4) I was given my brother's old watch by him.

3 (1) The boys were excited about the new video game
(2) The mountain is covered with heavy snow
(3) Was this bag given to you by

解説

1 by以外の前置詞があとに続く受け身の文は，日本語では受け身の意味にならないことも多い。
　(3)be surprised at ～「～に驚く」
　(5)be pleased with ～「～に喜んでいる」
3 (1)be excited about ～「～でわくわくしている」
　(2)be covered with ～「～でおおわれている」

│くわしく!　by以外の前置詞を使った受け身の表現
└⋯⋯⋯⋯⋯⋯⋯⋯⋯⋯⋯⋯⋯チャート式シリーズ参考書 ≫ p.179

チャレンジ　➡本冊p.55

(1) 祖母がテストの結果を非常に喜びました。
(2) その部屋は多くの生徒でいっぱいです。
(3) バターは牛乳から作られます。
(4) The desk was made for my brother by my father.
(5) The temple is made of wood.
(6) This dog is called Pochi.

解説

(3) be made from ～は原料の質が変わる場合に使う。
(4) for my brotherと by my fatherは逆でも可。
(5) be made of ～は材料がそのままわかる場合に使う。

第10章　現在完了形

㉓ 「完了」を表す現在完了

トライ　➡本冊p.56

1 (1) has, just, finished
(2) has, already, seen〔watched〕
(3) Have, gone, yet, have, haven't
(4) haven't, written, yet

2 (1) Kenji has just come home.

(2) My sister has already had dinner.

(3) Have you walked the dog to the shrine yet?

(4) I haven't[have not] gone shopping yet.

3 (1) The game has already started

(2) She has just done the laundry

(3) My mother hasn't read the newspaper yet

解説

2 (3)(4) yet は疑問文では「もう」, 否定文では「まだ」の意味になる。

チャレンジ ➡本冊p.57

(1) 彼らはまだその大きな箱を開けていません。

(2) あなたはもうそのマンガを読みましたか。

(3) 私の父はちょうど琵琶湖へ釣りに行ったところです。

(4) Has your father come home from work yet?

(5) I haven't[have not] eaten[had] any cookies yet.

(6) He has already washed his car.

解説

(5) I have eaten[had] no cookies. も正解。

㉔ 「経験」を表す現在完了

トライ ➡本冊p.58

1 (1) have, met[seen], twice

(2) have, been, to   (3) has, never, seen

2 (1) Have you ever been abroad?

(2) How many times has she been to Tokyo Dome?

(3) Have you ever played the guitar?

(4) I have never climbed Mt. Fuji.

3 (1) How often have you talked to him

(2) My friend has visited Osaka twice

(3) How many times have you been to Nara

解説

1 (2)「～に行ったことがある」は have been to ～であり have gone to ～ではない。

くわしく! have been と have gone の違い
.... チャート式シリーズ参考書 >> p.193

2 (1) abroad は「外国へ」という意味の副詞のため, 文中で to などの前置詞は不要。

チャレンジ ➡本冊p.59

(1) あなたは今までに中国語で手紙を書いたことがありますか。

(2) 私はそのレストランでイタリア料理を食べたことがあります。

(3) あなたはあのホテルに何度泊まったことがありますか。

(4) I have sent e-mails in English to Paul before.

(5) She has played golf with her father many times.

(6) My sister has gone to the post office.

解説

(1) ever「今までに」は疑問文で使われる。

㉕ 「継続」を表す現在完了 / 現在完了進行形

トライ ➡本冊p.60

1 (1) have, stayed, for

(2) Have, been, since, have

(3) hasn't, eaten[had], for

2 (1) They have been thirsty for an hour.

(2) How long have you been playing the game?

(3) She hasn't eaten *natto* for a month.

(4) It has been snowing heavily since last week.

3 (1) Jack has been absent from school for a week

(2) Have you wanted to go to Hawaii for ten years

(3) Have you been waiting for me for twenty minutes

解説

1 (1)(2)〈have ＋過去分詞〉で「(今までずっと)～してい

る」という「継続」の意味を表す。forは継続期間を表し，sinceは始まった時点を表す。

> くわしく！ 現在完了の「継続」の表現
> ················· チャート式シリーズ参考書 >> p.197

2 (2)〈How long have[has] ＋主語＋過去分詞 ～?〉で期間をたずねる表現になる。

3 (1)be absent from ～「～を欠席する」

チャレンジ ➡本冊p.61

(1) あなたのお母さんは台所でどのくらい料理をしていますか。

(2) 彼はジェーンに1年間日本語を教えています。

(3) 私は長い間，再びあなたに会いたいと思っています。

(4) How long has it been raining?

(5) My cousin has lived in Kyoto since she was ten years old.

(6) He hasn't[has not] played soccer for a long time.

解 説

(5) sinceには前置詞だけではなく，接続詞の用法もある。

確認問題⑤ ➡本冊p.62

1 (1) used　(2) is spoken

(3) has been built

(4) has been reading　(5) with

2 (1) has, been, hot

(2) Have, ever, been

(3) Where, was, found

(4) was, given, to, me

(5) was, made, for

3 (E)，(G)

4 (1) あなたたちはお互いに知り合ってからどのくらいですか。

(2) 彼女はそのニュースに驚きましたか。

(3) 私の父はもう家を出て駅に向かいました。

(4) 私はちょうど居間を掃除したところです。

(5) この歌はみんなに知られていますか。

5 (1) Masa was born in Tokyo in 2001

(2) This book is read by many people

(3) My brother wasn't excited about

the story

(4) Have you ever been to France

6 (1) A long e-mail has just been sent to me by my friend.

(2) We have been waiting for the train for an[one] hour.

(3) What language is spoken in Canada?

(4) Wine is made from grapes.

解 説

3 それぞれ以下のように修正されれば正しくなる。

(A)　for → to

(B)　did you go → have you been

(C)　since → for

(D)　for → to

(F)　The dog is called Pochi by the family.

5 (1)in Tokyoとin 2001は逆でも可。

6 (3)疑問詞のある受け身の疑問文でも，主語をたずねるときは〈疑問詞＋主語＋be動詞＋過去分詞〉となる。

第11章 注意すべき表現

26 付加疑問・否定疑問文・感嘆文

トライ ➡本冊p.64

1 (1) are, you　(2) Don't, Yes, No

(3) What　(4) How difficult

2 (1) You keep a diary every day, don't you?

(2) Your sister didn't go to the shrine, did she?

(3) They don't know how to bake cookies, do they?

(4) Doesn't she like to climb mountains?

(5) Aren't they going to go bowling tomorrow?

(6) How hard she works every day!

(7) What a friendly dog this is!

解 説

1 (1)否定文につける付加疑問は，〈コンマ＋肯定形＋主語?〉の形になる。

> くわしく！ 否定文につく付加疑問
> ················· チャート式シリーズ参考書 >> p.213

2 (4)(5) 否定疑問文は〈否定の短縮形＋主語 ～?〉の形。

チャレンジ ➡本冊p.65

(1) あなたの居間はなんてきれいなのでしょう。

(2) それはなんて役に立つ機械なのでしょう。

(3) まだあなたは沖縄に行ったことがないですよね。

(4) How honest you are!

(5) Didn't you play with your cat yesterday?

(6) Your father is a teacher, isn't he?

解説

(4) 感嘆文の文末にはピリオドではなく「!」を付ける。

27 名詞と冠詞

トライ ➡本冊p.66

1 (1) an, apple, bread (2) a, cup, of

(3) an, a (4) The (5) the (6) Time, is

2 (1) the, door (2) an, interesting, book

(3) the, capital, of, America

(4) three, cats, two, birds

(5) music (6) an, English, a, month

(7) two, cups, of, coffee

解説

1 名詞には「数えられる名詞」と「数えられない名詞」の区別がある。

くわしく! 名詞の種類 ……… チャート式シリーズ参考書 ≫ p.217

チャレンジ ➡本冊p.67

(1) 紙を3枚いただけますか。

(2) 3人の子どもと2人の赤ちゃんが居間で遊んでいます。

(3) その運動選手は世界でいちばん速く走ることができます。

(4) He could play the piano well.

(5) Would[Could] you give me a glass of water?

(6) Everybody knows that the earth is round.

解説

数えられない名詞でも，入れ物などを単位として数える

ことができる。

(6) that は省略してもよい。

28 数や量などの表し方

トライ ➡本冊p.68

1 (1) some (2) any (3) many (4) much

(5) little (6) anyone (7) a, lot, of

2 (1) We didn't have any rain last night.

(2) There were no students in the gym.

(3) There are no bottles of water in the refrigerator.

(4) Has your brother seen any interesting movies?

(5) There is little butter on the table.

(6) We have had a few sunny days this week.

(7) Jim didn't have a lot of money.

解説

2 (2) were no students は were not any students と同じ意味。

(5) a がつかない little は（数えられない名詞の前に置いて）「ほとんど～ない」と否定的な意味を表す。

くわしく! a がつかない few / little の意味 ……………………… チャート式シリーズ参考書 ≫ p.224

チャレンジ ➡本冊p.69

(1) それぞれの生徒がスマートフォンを持っています。

(2) すべての生徒が校庭にいます。

(3) 父が3本のバナナを買い，母がいちばん大きいバナナを食べました。

(4) She asked Tom, "Would you like some coffee?"

(5) No news is good news.

(6) Do you have any other questions?

解説

(1) each「それぞれ」（単数扱い）

29 代名詞

トライ ➡本冊p.70

1 (1) himself (2) by, herself (3) Those

(4) this (5) that (6) us, you (7) Our

(8) mine, yours

2 (1) introduced, herself, to

(2) his, mine　(3) Whose, hers

(4) by, herself　(5) by, themselves

(6) those, windows　(7) help, yourself, to

解説

1 (2)「自分で」と意味を強める場合に使う再帰代名詞。

くわしく! 再帰代名詞…………… チャート式シリーズ参考書 ≫ p.225

2 (7) Please help oneself to ～「～をどうぞご自由にお取りください」

チャレンジ ➡本冊p.71

(1) どうぞくつろいでください。

(2) 体には気をつけてください。

(3) 私は彼のネコが好きですが, その名前を覚えていません。

(4) The car stopped suddenly by itself.

(5) Can you answer the phone instead of me?

(6) She made the chair by herself.

解説

(1) make oneself at home「くつろぐ」

(2) take care of oneself「健康に気をつける」

(4) (6) by oneself「1人で, ひとりでに」

(5) Can は Will または Could または Would でも正解。

30 副詞

トライ ➡本冊p.72

1 (1) well　(2) very　(3) sometimes

(4) always　(5) often　(6) carefully

(7) slowly　(8) too　(9) either　(10) too

2 (1) My father usually works till late at night.

(2) My dog runs very fast.

(3) Kana solved the math problem very easily.

(4) I can't write e-mails, either.

(5) The movie is too difficult for my brother.

(6) I went bowling yesterday, too.

(7) This house is large enough for

the family.

解説

2 (4) either は否定文で使われて「～もまた」の意味。

(7) enough は修飾する形容詞のあとに置かれて「十分に～」の意味。

チャレンジ ➡本冊p.73

(1) 私のおじは十分といえるほど一生懸命には働きません。

(2) 多くの生徒が校庭でうまく踊れました。

(3) 私は彼女が好きです。私は彼女の兄(弟)も好きです。

(4) I ride a bike slowly.

(5) Last night, it was raining too hard.

(6) Is there enough food for us in the refrigerator?

解説

(3) also は「～もまた」の意味で, 一般動詞の前にくる。

(5) last night を文末にしてもよい。

31 前置詞

トライ ➡本冊p.74

1 (1) at　(2) on　(3) at　(4) of　(5) in

(6) on　(7) around

2 (1) on the wall between the doors

(2) on August 11 in 1980

(3) in Hakone for five days

(4) from morning till[to] night

(5) by three on Wednesday

(6) under the bed in my room

(7) like her aunt in the future

解説

1 (7) around「～の周りに, ～のあたりに」

くわしく! 「場所・位置・方向」を表す前置詞

………………………… チャート式シリーズ参考書 ≫ p.232

2 (1) between「(2つのものや人)の間に」

(7) like「～のような」

チャレンジ ➡本冊p.75

(1) 私たちは1月にお餅をたくさん食べます。

(2) ここにいてください。すぐに戻ってきます。

(3) 私は自転車で通学しています。

(4) My father leaves home for the station at seven.

(5) Ken ran into the building.

(6) The hospital is across the street.

解説

(3) 〈by＋交通手段〉では，名詞にtheがつかない。

(6) across「～の向こう側に」

確認問題⑥　➡本冊p.76

❶ (1) boxes　(2) watches　(3) feet
(4) potatoes　(5) pianos　(6) tomatoes
(7) birds　(8) ×　(9) ×　(10) children
(11) babies　(12) women

❷ (1) is, it, No, isn't　(2) Don't, No, don't
(3) Can't, Yes, can　(4) How, well
(5) What

❸ (1) yourself　(2) well　(3) either
(4) between　(5) about　(6) since
(7) on　(8) in　(9) from　(10) around

❹ (1) 私の父はたいてい午後8時に帰宅します。
(2) ロンドンはイギリスの首都です。
(3) 彼らは冬休みの間にスキーに行きました。
(4) この車は私のもので，彼のものではありません。

❺ (1) the　(2) the　(3) ×, ×　(4) a, an
(5) The　(6) the　(7) an　(8) the　(9) a

❻ (1) He drinks three glasses of milk every morning.
(2) I don't like these sneakers. Show me another
[some others / some other ones].
(3) We must[have to] finish this homework by next Friday.
(4) My son was born on July 26.

解説

❷ (1)(2)(3) 否定を含む疑問文の答えは，Yes / Noが日本語と逆になることに注意する。

❸ (6) untilは動作や状態が「いつまで継続するか」を表し，byは動作などが「完了する期限」を表す。

まとめテスト　➡本冊p.78

❶ (1) was　(2) Did　(3) are　(4) Were
(5) Which

❷ (1) What, buy　(2) should, while
(3) Are, able　(4) or　(5) don't, have, to

❸ (1) No, there weren't
(2) Yes, they were
(3) How many times have you been
(4) Who is　(5) Shall we

❹ (1) この機械の使い方を教えてもらえませんか。
(2) 彼女は看護師になるために一生懸命勉強しました。
(3) 彼のお父さんは私たちに熱い飲み物をくれました。
(4) その教科書は彼女のもので，私のものではありません。
(5) 彼はすべてのスポーツの中で柔道がいちばん好きです。

❺ (1) Your father likes doing the laundry, doesn't he
(2) Emily thinks that time is more important than money
(3) Please help yourself to the cookies
(4) It began to snow when I went outside

❻ (1) Could[Would] you tell me the way to the hospital?
(2) She has been absent from school for three days. She must be sick.
(3) The dish was made for my cousin and his family.
(4) The song will be loved by many[a lot of] people.

解説

❷ (2) should ～は義務・助言の意味を表し「～したほうがいい」という意味。

❹ (1) 〈how to＋動詞の原形〉で「～のしかた，～する方法」の意味を表す。〈how to ～〉全体で名詞の働きをする。

❻ (2) must ～は「～にちがいない」と強い推量の意味を表すことがある。

15058　答

ISBN978-4-410-15058-6

C6037 ¥750E

9784410150586

1926037007500

チャート中2英語準拠ドリル
定価 825円
（本体750円＋税）

15058

数研出版
https://www.chart.co.jp

本書は植物油イン
使用しています。

新しい学びの

10

チャート式中学
準拠ドリルシリーズ ラインアップ

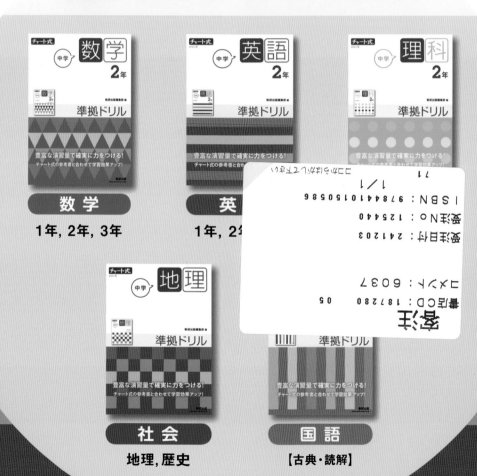

数 学
1年, 2年, 3年

英 語
1年, 2年, 3年

理 科

社 会
地理, 歴史

国 語
【古典・読解】

ISBN : 9784410150586
受注No : 125440
受注日付 : 241203
コメント : 6037
番店CD : 187280   05